あそびの生まれる場所

「お客様」時代の公共マネジメント

西川正
Nishikawa Tadashi

ころから

はじめに「何かあったら困るので・・・」

その年の冬、関東は2週連続で週末に大雪となった。

私の住む埼玉でもめずらしく雪が積もった。

日曜日、娘の小学校で雪遊びをしようと、急遽、「おやじの会」で呼びかけた。

行ってみると、教頭先生が1人で雪かき。そこで、みんなで雪かきタイムに変更。未明の雨で雪はべちょべちょ、「重い……」。おやじたちの腰にこたえた。

「うう、きつい。うーん、ただの作業じゃつまらない！」

そこで駐車場の一角に雪を集めてすべり台をつくった。

「よっしゃできた！」

と、いざすべろうとすると、教頭先生がやって来て一言。

「すみませんが、駐車場は勘弁してください。何かあったら困るので……」

一同、「がーん」。

そこで、もうひと汗かいて、駐車場の雪をとなりの小さな森に移して積み上げた。そして、せっかくなので、横穴を掘ってかまくらにした。完成して子どもたちと喜んでいると、再び教頭先生がやって来て、「大変申し訳ありませんが、何かあったら困るので…壊して帰ってもらえますか」。再び、「がーん」。

かまくらを壊しながら、「今どきの学校ってほんと大変なんですねえ」と溜息をつくお父さんたちの姿が印象的だった。

いま、私たちの社会では、子どももおとなも、遊ぶことがとても難しくなっている。

まちの中から子どもの遊び声が聞こえなくなって久しい。

子どもたちは、朝から晩まで学校やら習い事やらで、とても忙しい。

唯一の息抜きはゲーム。ゲームは、わずかな合間でも「そこそこ」の興奮をつくりだしてくれる。

たまに時間ができて、外に出ても、遊ぶ相手がいない。

仮に、そこに誰かいても、遊びはすでに「約束して」するものになっているので、「遊ぶ相手がいない」となる。

遊ぶ場所にも苦労している。

かつては、まちじゅうを遊びの場としていた子どもたちも、路地から閉めだされ、空き地を失くした。そのかわりに子どものための公園や児童館が用意された。しかし、その公園や児童館には、

「あれをしてはいけない」「これをしてはいけない」と禁止の看板や張り紙がたくさん貼ってある。首都圏のある公園には、「ふざけて遊んではいけません」と書いてある看板がある。笑い話のようだが、よく考えると笑えない話である。


さて、そもそも、遊びとは何だろうか。

こんな幼稚園児のつぶやきがある。


「先生、この『大縄飛び』が終わったら遊んでもいい？」


遊びとは「大縄跳び」や「かくれんぼ」などの〝メニュー〟のことではない。

遊びは、心のありようを表すことばである。

その子が、自分でやりたい（おもしろそう）と感じ、動き出すことが遊び。したがって誰かにやらされていると感じているうちは、遊びとはならない。

また、最初から結果が見えていたら遊びにはならない。どうなるかわからないという時、はじめてそれは遊びになる。

本書を書いていた夏、郷里・滋賀の里山の渓谷で娘とその友達と遊んだ。そこには高さ10メートル近くある大きな岩と、その下には深い淵があった。地元の高校生がその一番高いところから、次々に飛んでいた。いざ！と私たちも岩の上に登ってみた。

「うわ……、高い……」

　おじけづく子どもたち。

　ここから飛び込んでみたい
　飛んでみたらどんな感じなんだろう
　失敗したらどうしよう
　もしかすると痛い目にあうかも
　でも、飛んでみたい……

「えいやっ！」

　ドボーン!!


　水しぶきをあげて淵の中へ。

あがってくると、緊張が一気に解けて、満面の笑み。

高さをちょっとずつ上げながら、逡巡を繰り返しながら、何度も飛ぶ。

夕暮れ。「さあ、帰るよ～」と声をかけると、

「疲れた〜……ああ、おもしろかった」

遊ぶということは、この川遊びのようにこうした明らかなリスクをともなう行為だけではない。

一見、静かに見えること、例えば泥だんごづくりや、お絵かき、読書など身体の動きは小さくても、「(その時の、その子にとって)何か違う世界が見えるかもしれないからやってみたい」という意味では、川へ飛びこむことと同じ。「おもしろそう」であるかどうか、心が〝アクティブ〟な状態かどうかなのだ。

ゆえに、いずれの場合も集中した表情になる。

あとさき考えず、何かをしてみて、未知の心の動きを味わう。それが遊ぶということ。


それがいま、とても難しい。


「かまくら」をつくった小学校の森は、おやじの会で整備をすすめていたものだった。

その森の中には、日時計がある。

でも、その日時計には陽があたっていない。森の木々が成長してしまったからだ。

そこで、教頭先生に「日時計を移動しましょう」と提案した。しかし、教頭先生は、

「何かあったら困るので……」

「何かって、なんですか?」

「いや、この日時計の先がとがってますよね……それがちょっと」

「えっ?・」(とがってない日時計って……役にたたないですよね)

「何かあったら困るので」は、遊び(心)の火を消す魔法のことば。

このことばの前には誰もがひるむ。

ここで言う「何か」の意味は、2つある。一つは、重大事故。もう一つは苦情だ。


その「かまくら」を壊した雪の日の数日後、東京都美術館が、政治家の靖国参拝や特定秘密保護法を報じた新聞の切り抜きを使用したアート作品を「政治的」として作家に撤去を求めたというニュースが報じられた。副館長は「こういう考えを美術館として認めるのか、とクレームがつくことが心配だった」とコメントしていた。

まだ来てもいない苦情への過剰反応。芸術の世界もかなり息苦しくなっているようだ。


ところで、日本語の「あそび」には、もうひとつの意味がある。

車のハンドルや、建築物で「意図してつくったゆるみ」などを表すことばも「あそび」という。

一見、無駄に見えるが、それがなければ全体をうまく動かすことができないもの。こういうことに対して、私たちは〈あそび〉ということばを当てはめてきた。

私たちが気づかないうちに失くしてきたのは、こちらの〈あそび〉かもしれない。

時間、空間、仲間。

遊びが生まれやすいのはこの3つの「間」があるときだという。

すなわち、ひま＝〈時間のあそび〉、すきま＝〈空間のあそび〉、そして、よい間合い＝〈間柄／人と人の関係のあそび〉の3つの〈あそび〉があるとき、人の心が動きはじめる、と。

遊びの本質は、「想定外のドキドキ」だ。結果がわからないから、遊びになる。

その想定外を許容する「気持ちの〈あそび〉」を今、私たちの社会では、とても持ちにくくなっている。

その背景には、「それは誰のせいか?」がまず気になってしまう人々、そして、「損か得か」をまず考えてしまう人々の急速な増殖がある。「私のせいにされたくない」「私は損をしているのではないか」――そんな気持ちのあせりが、苦情というものの言い方を生み出す。他者を責め、ネットを炎上させる。それを恐れて、さらになにごとも起こらぬように縮こまる。あらかじめ禁止する。

本書では、この悪循環を「制度化」、「サービス産業化」という視点から分析を試みた。そして、寛容さをなくし、禁止や自粛が増殖する社会で、どうすれば、もう少し〈あそび〉をつくることができるのかを考察した。

何かをしてみようという気持ちが生まれてくる運営とはどのようなものだろうか。

誰かを排除したり、安易に権力に頼ったりすることなく、自由を感じながら生きていける、そうした暮らしとは、社会とは、どうすればつくれるだろうか。

「遊び」「公共」「コミュニティ」をキーワードに考えてよう。

これが本書の主題である。

◆

さて、本書を書いている私には、大きく3つの立場がある。

一つ目の立場は、この20年弱、埼玉県のある郊外の住宅地で子どもの通う市立保育所や学童保育所の保護者会あるいは小学校のおやじの会などで、さまざまな活動をして来た父親であること。保護者として活動することで、はじめて「地元の友だち」ができた。それはとてもうれしいことだった。

しかし、この20年は、本書で述べる「保育のサービス産業化」が猛烈なスピードで進行し、遊びをはじめとする子どもたちの「体験の幅」はどんどん狭まり、禁止事項が増えていく時期だった。古参の保護者たちは「保育の味が薄くなった」と心を痛めていた。そこで私は市立保育所の保護者会連合会の事務局に手を挙げてなんとかできないものかと活動をはじめた。その直後の2005年に、同じ市内の市立保育所で4歳の男の子が保育中に熱中症で死亡するという大きな事故に直面した。私は、裁判をすべて傍聴し、市が設置した再発防止のための委員会に保護者側の委員として参加した。重大事故に直面し、みるみる萎縮していく保育者を目の当たりにしながら、そもそも保育とは何か、遊ぶとはどういうことか、安全とはどのようにすればつくることができるのか、専門家に学び、仲間とともに考え、できることを探し、実践する日々を過ごした。

東日本大震災の直後、ひび割れた園庭を横目に、子どもが保育所を卒園すると、次に、学童保育の保護者として運営に関わることになった。現在もその学童保育所を含め36カ所の学童保育所を運営するＮＰＯ法人の理事（非常勤・無償）として、学童保育所の運営に深くかかわっている。これが二つ目の立場である。

どうすれば、子どもたちが「今日も楽しかった。明日もまたここで遊びたい！」と思って家路につくことができるのか、日々、指導員や保護者、理事の仲間と議論を重ねている。冒頭の「何かあったら困るので」という教頭先生の言葉は、また私の言葉でもある。もともと、私の地元・埼玉の多くの学童保育所は、父母会による共同保育（保護者会運営）によって運営されてきた。しかし、保護者の参画を負担に感じる保護者が圧倒的に増えてきており、従来型の方法論ではもはやコミュニティ（共同性をともなう人の集まり）を育めなくなっているという現状がある。その中で、本来子どもが育つのに必要な、あるいは大人も安心して暮らしていくための人のつながりをどうやって育てていくのかが大きな課題となっており、現在、四苦八苦しながら新しいスタイルを模索している。

そして、最後の一つは、「ＮＰＯ法人（特定非営利活動法人）ハンズオン埼玉」の常務理事としての立場。この20年近く、市民活動やまちづくりの支援を仕事として関わってきた。前述の地元でのさまざまな現場から生まれた課題を、ひろく社会の多くの人々とともに取り組むことを、社会運動として、あるいは社会事業として立案し、実践してきた。第2章で紹介する「おとうさんのヤキイモタイムキャンペーン」など、市民参加型のまちづくりにかかわる独自のプロジェクトを市民、行政、企業など多くの方々とともに展開してきた。また、同時に、講師やファシリテーターとして、公共の場のあり方・コミュニケーション・子育て・コミュニティのありようについて、各地の魅力的な場所をたずねながら、多くの人と出会い、議論し、提案してきた。

本書は、この3つの立場をもつ私が、「何かあったら困るので」と言うことばに出会うたび、自分なりに悩み、考え、動いてきたことの記録である。

第1章は、お役所仕事化、サービス産業化、市場化という視点から、公共の場・施設から遊びが消えていく現状を書きとめた。現場を知る人にはよく知られた事柄ばかりかも知れない。

第2章では、12年間行ってきた「おとうさんのヤキイモタイムキャンペーン」を通じて、人がつながる場のありようについて自身の実践の中から気づいたことを記した。

第3章は、全国のさまざまな「遊びの生まれる場所」のレポートである。〈あそび〉を失いつつある日本社会で、どうすればそれをとりもどし、明日への希望をもつことができるのか、そのヒントを探った。本書はもともとこの章で記した様々なまちや場所の物語を多くの方に知らせたいと考えたところから生まれている。この章だけでも読んでもらえればと願う。

第4章は、前章までを踏まえ、あらためて魅力的な場所が生まれていく運営、それをささえる仕事（コミュニティワーク）や、その背景にある公共についての視点など、人や社会をあたためていく場のありようについて、いくつかの視点を提示した。

具体的には子育て、子育ちの現場で起こっていることを話題にしている。しかし、どの分野でも、公共をめぐって構造的には同じ状況――お客様化とそこから生まれている様々な問題――が広がっているといえる。

例えば、公民館や図書館。本来は人が出会い、何かを学び、自ら動きはじめることを促す公共空間で、あれをしてはいけない、これをしてはいけない、そして「何かあったら困るので」「何かあったらどうするの」ということばがあふれている。

例えば、障害児者の養護・教育、高齢者の介護の現場では、ケアが時間や回数で切り刻まれ、人としてふれあうことが保障されているとはいえない現状がある。

読者の方々のそれぞれの現場の状況に引き寄せて、広く公共空間やまちづくりのあり方についてのひとつの考察として、お読みいただきたい。

本書が、これからの公共のあり方、まちの風景、人の暮らしのありようについて、立場を超えて、多くの人々がともに考えていくための一助になれば幸いである。

目次

第2章 焚き火の風景

第3章 遊びの生まれる風景

第4章 対話の風景

「あそびの生まれる場所」を読むための年譜《ヒント》

1943　世界初のプレーパーク（エンドラップ廃材遊び場）がデンマークに誕生
1945　日本がポツダム宣言受諾し、第二次世界大戦が終結
1946　日本国憲法公布
1947　教育基本法および児童福祉法が制定。学校、保育所、児童館などが法的に位置づけられる
1956　全国一斉の学力テストが小中学生と一部の高校生を対象に始まる（64年に学校・地域間の競争の激化で中止に）
　　　大型スーパーの先駆けとなるダイエーの前身「ダイエー薬局・主婦の店」が大阪で開業
1957　東京の中学校教員が成績評価のための偏差値を開発。相対評価の手法として高校受験に導入され、やがて全国に広がった
1961　東京都北区で学童保育への補助開始
　　　政府の経済審議会が「経済成長における人的能力開発の課題と対策」を答申。戦後教育の大きな柱であった教育の機会均等と国民一般の教育水準の向上から、今後の経済のためには少数のエリート、多数の中堅技術者、それを支える膨大な技能者が求められるとする「能力主義」への転換を唱えた
　　　市町村立の児童館について、その設備及び運営費に対し奨励的な見地から国庫補助制度が創設。以後都市部で児童館の設置が徐々にすすむ
1963　「鍵っ子」が話題に。以後、全国で学童保育所が親たちによってつくられていく
　　　アニメ『鉄腕アトム』がテレビ放映開始

1966　国による全国一斉の学力調査を旭川地方裁判所が違法と判決（のちに最高裁で適法判決）
初の怪獣テレビ番組「ウルトラQ」の放映開始。怪獣ブーム到来

1967　「リカちゃん人形」発売

1968　高石ともやの「受験生ブルース」が大ヒット。「受験戦争」が過熱。「教育ママゴン」「落ちこぼれ」「詰め込み教育」などが流行語になり社会問題に

1971　政府発行の厚生白書が「親の手で殺したり心中をはかった事件」で「母親の育児ノイローゼは原因中に大きな比重を占めている」として「問題児ならぬ問題親がふえている状況にある」と記述。子どもの問題行動の原因を母親に求める言説は70年代を通じて広がっていく

1973　オイルショック（第一次）
『日本沈没』（小松左京）、『ノストラダムスの大予言』（五島勉）が、ベストセラーに。〃終末〃ブーム
ミヒャエル・エンデ『モモ』ドイツで出版

1974　高校進学率がはじめて90％超える

1976　津市の子ども会主催のハイキング中に子どもが溺死。1984年名古屋高裁で無罪判決が確定するも、民事は1983年津地裁で526万円の損害賠償を命ずる判決
カラーテレビの普及率が94％に

1977　ボランティア活動保険が誕生
預けていた子どもが溜池で死亡したとして、親が隣人を訴え話題に（隣人訴訟）。1983年に津地裁が隣人間にも法的責任を認める判決を下し、世論が沸騰。原告などにいやがらせの電話や批判の手紙があいつぎ、訴えそのものがとりさげられるという結末に

1978　NHKが『警告!!　子どものからだは蝕まれている！』を放映。反射神経など体力や運動神経が低下していることが大きな話題に

1979 国際児童年。障害児の養護学校への就学を義務化
マークシート方式の「大学共通一次試験」始まる
インベーダーゲームが大流行
ウォークマン発売
日本初の常設の冒険遊び場「羽根木プレーパーク」が誕生
登校拒否も母親の育て方に原因があるとする『母原病—母親が原因でふえる子どもの異常』がベストセラーに
1980 「核家族世帯」の割合が60・3％でピークに
1981 『窓際のトットちゃん』（黒柳徹子）出版。戦後最大のベストセラーに
1983 中学の校内暴力事件が戦後最高の数に（以後警察を導入し沈静化。管理教育が話題に）
東京ディズニーランド開業
横浜・ホームレス襲撃事件
家庭用テレビゲーム機「ファミリーコンピューター（ファミコン）」発売。1年間で350万台が売れる大ヒット
1984 首相直属の臨時教育審議会が「画一性、硬直性、閉鎖性、非国際性を打破して、個人の尊厳、個性の尊重、自由・規律、自己責任の原則、すなわち個性重視の原則を確立することである」と答申
1986 男女雇用機会均等法施行
中野・富士見中いじめ自殺事件。「俺だってまだ死にたくない。だけどこのままじゃ『生きジゴク』になっちゃうよ」と書き残す
1988 幼女連続誘拐殺人事件
1989 昭和天皇死去、元号「平成」に

1990　遊ぶ権利などを含む「子どもの権利条約」が国連で採択

1・57ショック。合計特殊出生率が当時最低だった丙午の1966年を下回る

神戸女子高生校門圧死事件。遅刻取り締まりを目的として登校門限時刻に校門を閉鎖しようとしたところ女子生徒がはさまれ、死亡。管理教育に批判の声が起こる

1991　バブル経済崩壊

1992　80年代から増加してきた不登校児について、文部省（当時）が「特別な子どもの病気」と捉えられてきた認識を「どの子にも起こりうる」と転換

1994　「子どもの権利条約」を日本政府が批准

私立小学校への受験戦争を描いた連続テレビドラマ『スウィートホーム』が高視聴率で話題に

1995　阪神淡路大震災発生。多くのボランティアが被災地へ駆けつけ「ボランティア元年」と言われる

地下鉄サリン事件

前年に、いじめを苦にして中学生が自殺したことを受けて、スクールカウンセラーの配置がはじまる

1996　病原性大腸菌O《オー》157による集団食中毒があいつぎ、大阪で翌年にかけて児童3人が死亡

1997　地方分権一括法成立。児童福祉法等の一部改正に関する法律が成立し、翌年から、学童保育が「放課後児童健全育成事業」として国の施策となる

神奈川県で箱ぶらんこに乗った小学生が重傷を負う事故が発生、被害を負った子ども自身が、市と遊具メーカーを相手どって訴訟を起こす（箱ぶらんこ裁判）

神戸連続児童殺傷事件

1998　特定非営利活動促進法（NPO法）成立

1999　文京区幼女殺人事件。「お受験」をめぐる「ママ友」の人間関係のトラブルが原因ではないかと話題に

2000 児童虐待防止法、地方分権一括法施行
社会福祉構造改革の実施。認可保育所の設置主体制限が撤廃され、民間企業の保育所参入が「解禁」される
介護保険制度開始。社会福祉制度を措置制度から契約制度に、応能負担から応益負担に転換。民間企業を含む多様なサービス提供主体の参入を推進
2001 小泉政権誕生。「自民党をぶっ壊す」とともに「官か民か」をスローガンに
大阪教育大学附属池田小学校に刃物をもった男が乱入。児童8名が殺害され、児童13名・教諭2名が傷害を負う
配偶者からの暴力の防止及び被害者の保護等に関する法律（DV防止法）制定
2002 事故をリスクとハザードに分けることを記した遊具に関するガイドライン「都市公園における遊具の安全確保に関する指針」を国交省が発表
小中学校で学習内容を3割削減、完全週5日制の実施、「総合的な学習の時間」開始
2003 公共施設などの指定管理者制度開始
労働者派遣法改正（2004年施行）、製造業への労働者派遣が解禁
少子化社会対策基本法制定。次世代育成支援対策推進法制定
障害者支援費制度施行。身体障害者・知的障害者に対する福祉サービスが措置制度から契約制度に移行
「特定非営利活動法人日本冒険遊び場づくり協会」設立
2004 携帯ゲーム機『ニンテンドーDS』発売。国内で3000万台、世界で1億5000万台の大ヒット
中越地震
国が子育てひろば事業などへの補助開始

2005　衆院選で、郵政民営化を訴えた小泉自民党が圧勝
道路公団民営化
合計特殊出生率が過去最低の1・26に
大学進学率が50％を超える
2006　官民競争入札制度（市場化テスト）をすすめる「競争の導入による公共サービスの改革に関する法律」が成立
2007　全国学力テストが43年ぶりに再開
2008　リーマンショック。年末には東京・日比谷公園に「年越し派遣村」開設
2009　民主党を中心とした連立政権誕生。鳩山首相が「新しい公共」を打ち出す
2010　イクメン流行語大賞にノミネート
2011　東日本大震災。福島第一原発事故
大津いじめ自殺事件。中2男子生徒がいじめを苦に自殺。隠蔽した教育委員会が問題に
2012　子ども・子育て支援法など「子ども・子育て関連3法」成立。児童福祉法一部改正で放課後等デイサービス開始
2013　障害者総合支援法施行、子どもの貧困対策法成立
2015　子育て支援新制度運用開始
2016　「保育園落ちた、日本死ね」と書いたブログが話題に。学童保育の利用者（約109万人）、待機児童（約1万7000人）ともに過去最多に
相模原障害者施設殺傷事件
「教育機会確保法」成立

＊本書に掲載したＵＲＬは、すべて２０１７年１月現在確認できたものを掲載しています。

第1章
「サービス社会」の風景

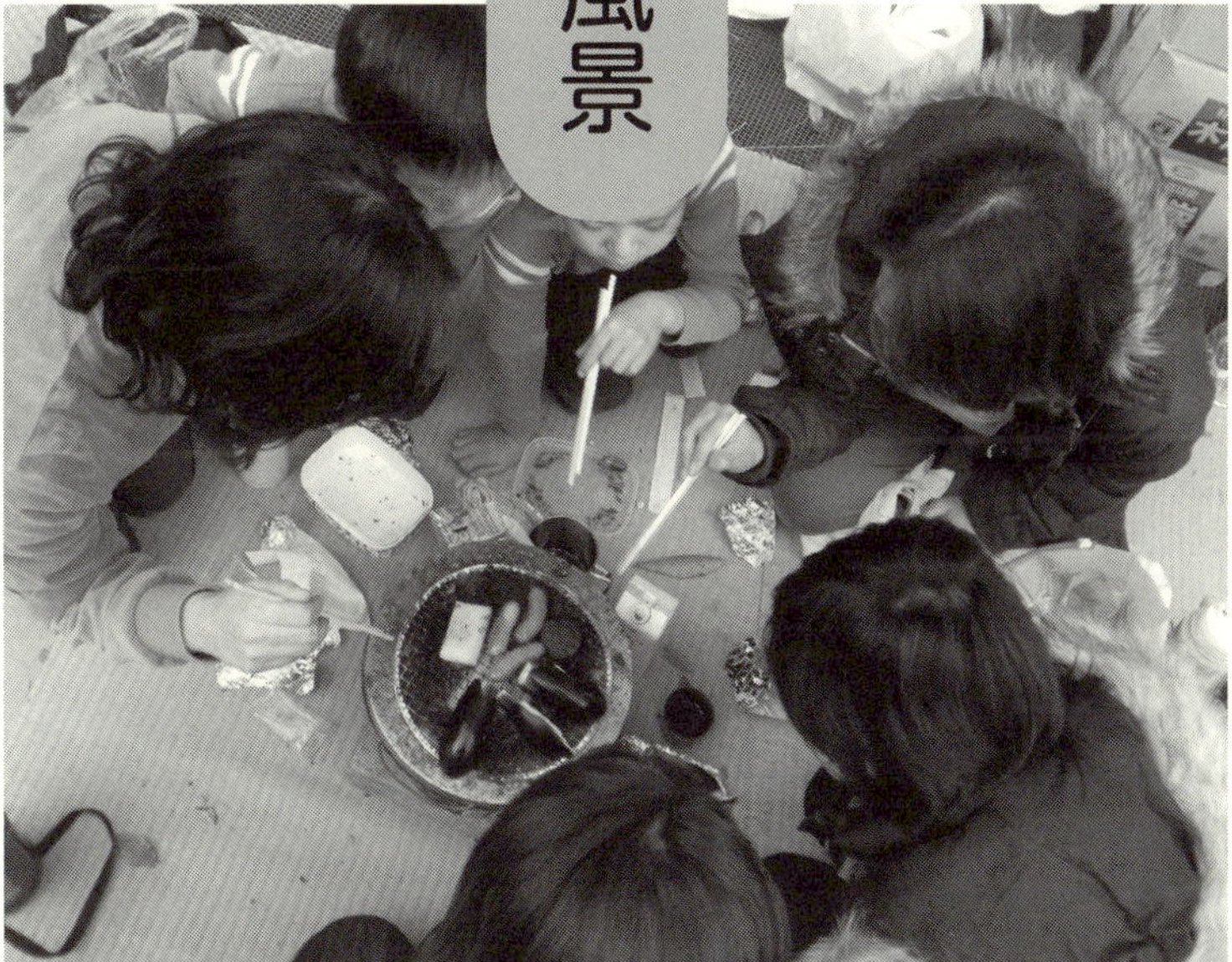

「あの木に登ってもいいですか？」——

遊びの場で「大人の許可」を求める子どもたち。保育園でも、ショッピングセンターの有料の遊び場でも、遊びの場が「サービス」として提供されるようになった。結果、子どもの隣にはいつも、責任を問われる大人がいるように……。自分のやりたいことをなにより優先するのが子どもなら、この社会では、いま子どもがあたり前に子どもでいることが許されなくなっているのではないだろうか。

第1章では、お役所仕事化、サービス産業化という視点から、公共空間から〈あそび〉が消えていく現状とその構造を分析。なぜ公園に禁止の看板が増えていくのか、託児などの現場でなぜ苦情が増えていくのか——。住民が「お客様」になっていくことの何が問題なのかを考察する。

1

「すみません、あの木に登ってもいいですか？」

子どもと遊びの現在

脅される子どもたち

子どもたちの遊びの様子が、大きくかわってしまっているのではないか——

数年前、子どもと遊びに関する小さな冊子「埼玉さんまＢＯＯＫ」を編集した【＊1】。「十分に遊べていない」と言われる現代の子どもの遊びの環境について、子どもの「つぶやき」や調査データから、どんな状況になっているのかを確認してみようという試みで、埼玉県と協働で制作した。

「つぶやき」は、プレーパークという市民活動【＊2】をしている方々に、遊び場や日常の暮らしの中でひろった子どもたちのことばを集めていただいた。

結果は、ちょっとショッキングな内容だった。

例えばこんな声……。

「最近、遊び場で子どもから『それって何分でできる？』と聞かれることが多くなりました。先日も、習い事にいかなきゃいけないということで、『3時48分まで遊べる』って言っていた子がいて、切なかったです……」

本書を手にとっていただいたみなさんは、子どものころ、その遊びがどれだけの時間を必要とするか、気にしてから始めただろうか。例えば缶蹴りする時に、あらかじめ何分間やると決めて始めただろうか。私の場合は、日没は気にすることはよくあったが……学校で「拘束」されている時間のほかは、ほぼ自分で決めることができた。

いつ遊ぶかだけでなく、誰と遊ぶか、についても大きな変化がある。

同じくプレーパークに携わる人の「つぶやき」から。

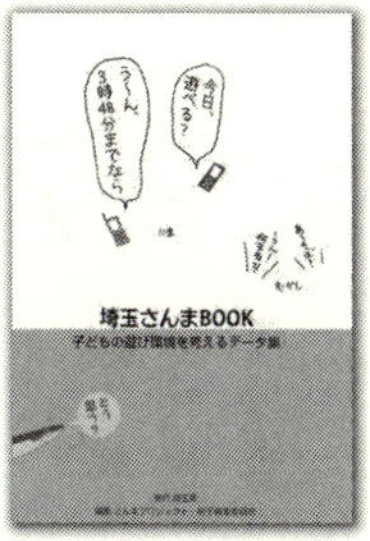

『埼玉さんまBOOK』

【＊1】『埼玉さんまBOOK』 発行　埼玉県福祉部少子政策課、編集　NPO法人ハンズオン埼玉　PDFデータ http://3nma.net/displog/18.html

【＊2】プレーパーク「冒険遊び場」ともいわれ、焚き火やどろんこ、大工道具など、一般の公園などではできないような遊びができる場所で、そのほとんどが有志の市民によって運営されており、全国で400カ所以上に広がっている。

「先日、公園で何人かの子が遊んでいて、うちの子が遊びたくて『何してるの～』と声をかけたら、『今日は約束してないから』と言われたらしくて、ポツンと一人で遊んでいました。また先日、一年生の子どものママが、『約束なしでうちに遊ぼ！っていきなり誘いに来るのよ。そこの親からは連絡ないのよ。お母さんどんな人か知ってる？　どうしようか困ったわ』と言ってるのを聞きました。……大人の影響でしょうか。居合わせた子と遊ぶっていう雰囲気がもう公園などにはないのかも」

さんざん遊んで（あるいはケンカして）「そういえばあいつ誰？」とあとで名前も聞いていないことに気づく、というのは、昔の少年マンガなどではよくある〝出会いのシーン〟だったが、そんなオープンな世界は、文字通り「マンガみたい」となっているのだろうか。

小学生の私の娘も、平日は、学校が夕方まであり、土日は、家族の都合を優先したり、習い事をしたりしていると、仲良しの友達同士で都合をあわせることすら至難の業だ。子どもたちの世界で、「約束の重み」は以前よりずっと増しているようだ。

「子ども」の絶滅⁉

さらに驚かされたのは、「大人の目線」が、子どもの心の内面にまで深く浸透してきていることだった。

「初めてプレーパークに来た子どもたちからは、『すみません、あの木に登ってもいいですか？』って

聞かれることがよくあります」

最初から「大人の許可」を求めにくる子どもたち。

「やらかしてしまう　↓　大人にしかられる」という、以前であればごく普通のやりとり（順番）がもう成り立っていない。社会がだいじにする善悪よりも、まずやりたいという自分の気持ちを優先する人のことを「子ども」と呼ぶのではなかっただろうか。そして、社会の規範やルールとぶつかる（トラブる）中で、自分の中の「したい」という気持ちとの折り合いをつけていく。それを成長と呼ぶのではなかったか。規範やルールを学びつつ、ルールそのものを他者と話し合い、つくりかえていくこと。大人になる、とはそういうことではなかっただろうか。

もはや、日本社会では「子ども」は絶滅しつつある、といえば大げさだろうか。

「ブランコをずーっとある子が独占して使っていたようで、小5くらいの女子（はじめて来た子）で、『すみません、あの子、貸してって言っても貸してくれないんですけどー』と訴えに来た子がいました。貸して、って言ったら貸さなきゃいけないもの、大人に言ったらなんとかしてくれるもの、ということが身についている言い方だなーと思った覚えがあります」

公園で、子どものうしろで、親が子どもを「監視」している場面によく出会う。となりの子のおもちゃをとってしまったら、「ダメでしょ」とすぐ制止が入る。逆に、隣の子が貸してといったら、貸したくなくても「貸してあげなさい」と後ろからいわれる。納得できなくて泣いている横で、やれやれという大人の声が聴こえる。想像してみてほしいが、夢中になって遊んでいるものを貸せと言われて「はいどうぞ」と言う子どもがいたら、むしろそのほうが不自然だ。

しかし、そうしなければならない事情が大人の側にある。「ダメ」、「貸してあげなさい」と介入しないと、「あのお母さんは、止めもしないのよ」と言われてしまうのが怖い。

ケンカしても、いつのまにか仲直りして、すぐに関係をつくりなおしていけることが、子どもがもつすばらしい特性の一つのはずで、そうやって人との関係づくりを学んでいくものだが、その「ほんのちょっと様子を見る」ということが難しい。

数十年前まで、子どもの時間、とりわけ遊びの世界は、子どもだけでつくられる世界だった。そして、お腹がすいた時、困ったときに大人のもとに帰るという関係だった。しかし、いま、大人が子どもの横に常駐するのがあたりまえの時代になってしまっている。

「あの木に登ってもいいですか」と「大人の許可」を求めることばは、「自分で決めることが怖い」というふうにも聴こえる。その子は、この時間をどうすごすかを決めることが自分には許されていない、と感じとっているのかもしれない。

やってみようと自分で決める、ではなく、誰かに「させられる」、「してもらう」、そして「ダメ!」ばかりでは、人は自尊感情を育むことはできないだろう。自分で決めるとは、その結果を引きうけるという覚悟をすることだ。痛い目にあったとしても誰のせいにもできない。一方、人にやらされていると、やらせた人に対してうらみがのこる。少し大げさな言い方になるが、「自分の人生を生きること」にはならない。

実は、いくつもの国際比較の調査で「日本の子どもは自信がない」という結果が出ている【＊3】。

また、日本の中高生の自殺率は、1990年を境に多少上下しながらも一貫して増加傾向にある。とくに国による自殺対策がはじまった2010年以降は全体では低下傾向を示しつつも、中高生だけは、むしろ増加の度合いが大きくなっている【＊4】。

遊びは、他に目的をもたない行為だ。「〇〇のため」ではなく、ただそのことがおもしろい、ということである。そして、それがおもしろいかどうかは、その子にしか決められない。決めるというより、感じるしかない。「自分の感覚」をだいじにすることがゆるされず、大人の世界に子どもが組み込まれ、大人の許容する範囲にしか「遊び」がないとしたら自尊感情を持つことがむずかしいのは当然のことになる。

では、なぜ、こんな風景がひろがってきてしまったのだろうか。なぜ子どもたちだけの世界、子どもの時間は消滅してしまったのだろうか。なぜ、親たちは、子どもの後ろを追いかけて、あれをしろ、

【＊3】「平成26年版　子ども・若者白書（概要版）特集　今を生きる若者の意識～国際比較からみえてくるもの」など。同調査では、満13～29歳の7カ国の若者を対象とした意識調査で、「自分自身に満足している」と応えた人の割合は、日本45・8％、韓国71・5％、アメリカ86・0％、イギリス83・1％、ドイツ80・9％、フランス82・7％、スウェーデン74・4％となっている。

【＊4】内田良　名古屋大学大学院教育発達科学研究科・准教授による「警察白書」からの分析。

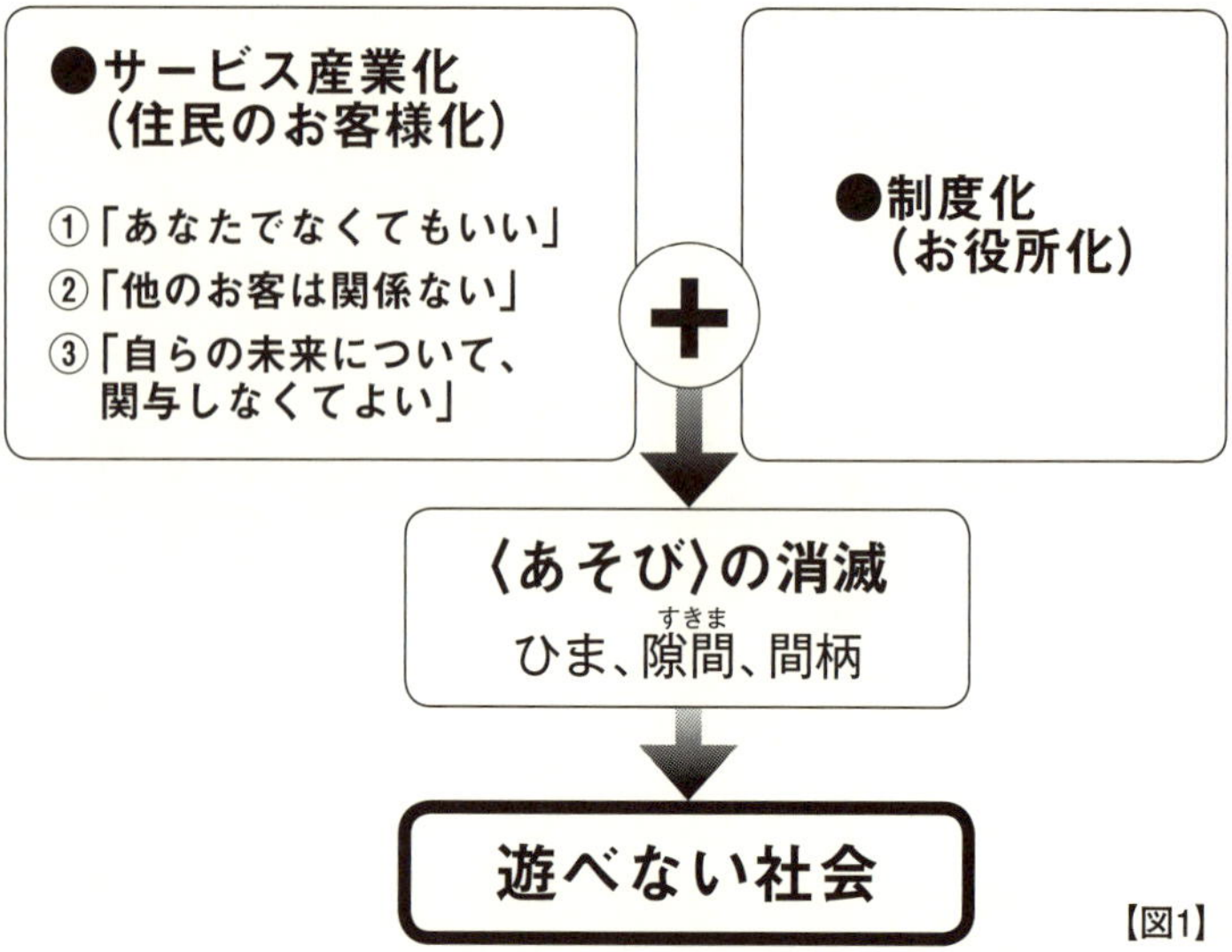
●サービス産業化
（住民のお客様化）
①「あなたでなくてもいい」
②「他のお客は関係ない」
③「自らの未来について、
関与しなくてよい」
＋
●制度化
（お役所化）
〈あそび〉の消滅
ひま、隙間《すきま》、間柄
遊べない社会

【図1】

これをしてはいけないと言わなければならなくなったのだろうか。公園には禁止の看板があふれ、公共施設には禁止の貼り紙が増殖しているのだろうか。

その理由は、私たちの社会のありようの大きな変化、サービス産業化と制度化（お役所化）に由来していると考える**【図1】**。この2つの流れは、誰かが強制的に動かしてきたものではない。私たちが時間をかけて選びとってきたものだ。それゆえ、意識化されることはなく、日常の風景としていま私たちの暮らしのすみずみにまで行き渡っている。

以下、次節ではまず、サービス産業化＝住民のお客様化の現状とその問題点について私なりに考えてきたことを述べる。そして、その後、制度化（お役所化）の問題について考えていきたい。

2

「保護者のみなさんは、ゆっくりしていてください」

サービス産業化の中の子育て風景

「サービス」としての夏祭り

私が「遊ぶ」ということについて考えるようになったのは、1999年に、長女が生まれ、その半年後、地元の市立保育所に入り、しばらくしてある違和感を持ったことにはじまる。

保育所のお迎えに行くと、先生（保育者）がかけよってきて、

「すみません、娘さんがケガをしてしまいました。申し訳ありません！」

どんなケガかと思えば、小さな擦り傷。

「先生、こんなことであやまらなくてもいいですよ。子どもにケガはつきものでしょう?」と私。

先生のこたえは、ため息をつきながら、「そうは言ってもいろんな方がいらっしゃいますから……」だった。

当時、先輩保護者からはこんな声がたくさん聞こえてきていた。

「お兄ちゃんの時にはできていたのに、なぜ○○がなくなったの?」

○○のなかには、さまざまなことばが入る。

例えば、夏祭りの花火や焼きそば、どろんこ遊びなど外遊びの量、散歩の回数、お泊まり保育、動物を飼うこと、チャンバラ遊び——これらに共通するものはリスク。ケガなどのリスクを少しでもともなう遊びや行事については、極力避ける傾向が強くなっていた。

逆に保育所では次のようなものが増えていった。

体温カード、チェックシート、市役所（本庁）からの指示・決まりごと・ルール……

保護者会で、連絡網をつくっていたのだが、その情報を提供できないと断られるようになった。そして、何かがなくなったり、増えたりするたび、保育所と保護者との間で問題になっていた。

そして、何より減ったのは、保護者も保育者もゆっくりおしゃべりをする時間だった。2000年代はじめ、すでに保育所は規制が緩和され、定員よりオーバーして子どもを引き受けるようになっていた。保護者が迎えにきたときも、立ち話せずに、なるべく早く帰るように促される。たしかに駐車場に停められる車の台数に限りもあるし、先生たちもたくさんの仕事をかかえていて、そう言わざるをえない事情があることも理解できた。年々、忙しさは増していることは、保護者の目にもわかるほどだった。一方、この時期は、保護者の働く状況も大きく変化してきた時期でもあった。民間企業で、フルタイムで働く母親になると、もうゆっくりおしゃべりなんかしている暇などはない。

実は1990年代までは、この保育所でも保育者と保護者が休日などに一緒に食べたり遊んだりすることは日常的によく行われていた。保育者と保護者が、行事を一緒に開催したり、休日に鍋を囲んだり、さまざまな場面で「一緒に何かをする」機会をもっていた。

保育所の中での行事も90年代なかばまでは、保護者と保育者の実行委員会方式で行われていた。しかし、

2000年代以降は、さまざまなイベントが、保育所の「サービス」として提供されるようになっていった。この変化について、かつて、ある雑誌に、こんな風に書いたことがある。

私の娘の通う公立保育所の夏祭りの様子がこの10年で大きく変わった。

ほんの数年前までは、保護者が分担して焼きそばやジュース、金魚などのお店をやっていたのだが、O《オー》157だ、殺傷事件だと騒いでいるうちに、食べ物や花火など少しでも「危険」がともなうものは、全部なくなってしまった。先生たちも工夫してくれているのだが、昔を知る少し元気な親たちにはものたりない。そこで、花火や食べ物をやろうと保育所や市役所に働きかけるが、「何かあったときに責任がとれません」と所長や市役所に「責任」をもちだされてしまうと、どうしていいのかわからなくなる。

花火にしても、例えば近所に煙がいやだという人がいれば、本数を減らすなり、親が丁寧に挨拶回りをするなりすればいいし、「手持ち花火」が危なければ、「ナイアガラ（火薬の入った筒をロープに一列に吊し点火する花火）」だけでもいいはずだ。

労力が足りなければ、どうせ自分の子どもの写真をとるぐらいしかやることがなくてうろうろしているお父さんなんかに手伝ってもらえば、喜んでやってくれるはずだ。しかし、「私たちも協力するから花火、やりませんか」、と申し出ても、「お願いだからそこまで言わないで、私たちがんばりますから」と断られてしまった。

（『くらしと教育をつなぐWe』135号　2005年8月）

そういう対応になってしまう背景に、夏祭りも、保育所が「責任をもって」サービスとして保護者に提供するものだという認識があるようだ。

「私たちも一緒にやりますよ」と申し出ても「保護者のみなさんは、ゆっくりしていてください」と言いながら、自分はコマネズミのように働く先生たち。手を出したくても出しようがなくていらつく私のような保護者と、一方で「先生の仕事だから」とわりきる保護者……。

保育所の側から要請されるのはお客さんとしての参加か、または言われたことをするだけの下請け（＝単純な労働力の提供）となっていた。保護者には何も求めないから、何も言わないでほしい、と。

ある保育者から聞いたことば。

「『お金をだして子どもを預けているのに、なぜ雑用のようなことを保護者がやらなければならないのか』と言われることもあります。そう言われるとお願いしたくてもできません」

行事のアンケートをとると、感謝のことばにまじって、意見や提案というよりも苦情や要望が来た。「ここでは、〇〇はしてくれないのですか？（となりの市ではやってますよ）」と。

こんなことばを耳にすると、保育所側は保護者の意見はなるべく聞かない方がよいと考えはじめ、本音をかくし、口を閉ざして黙ってサービスに励む。保護者はその対応をみて、より強い言い方をするか、または、苦情と受け取られてしまうことを心配して、意見を言うことを控え、思いを腹の中にためこんでしまう……。

託児化＝サービス産業化

こうした傾向は、イベントだけではなく日常の保育をめぐるやりとりでも生まれつつあった。

2000年代前半に、娘が通う保育所でベテラン保育者たちと話していると、「このごろはほんとに昔みたいな保育ができなくなりつつあります」という悲鳴のような声をよく聞いた。多少でもリスクのともなう子どもたちの遊びを規制せざるを得なくなってきている、と。

そして、そうなってきた大きな理由の一つは、親が変わってきたことだ、という。

「例えば、1歳児になると子ども同士の『かみつき』がはじまります。以前なら『そういう時期なんですよ』と保育者や先輩ママがいえば、『そうなんですね』で済んでいましたが、この頃は『うちの子がかまれた、加害者の親を呼んで謝罪させろ』と言う親が確実に増えています。場合によっては、担任の先生を通り越して、いきなり所長や、市役所の担当課に〝言いつける〟親が増えてきています」

そして、こんな親の声に呼応する形で、本庁（市役所）からは子どもにケガをさせるな、親からの苦情につながるようなことはするなという指示が強くなっている、と。

そうなると、現場の保育者は萎縮せざるをえない。

「『問題』がおこる→親がねじこむ→上司からの指示が入る→次からはやらせない→『問題』に慣れていない親が生まれる→もっと小さなことを『問題』にするようになる」という悪循環。結果として子どもが経験できる遊びや生活の「幅」がどんどん狭くなっていく。

去年までできていたことができなくなっていく……当時、私たちはこうした傾向を「保育所の託児所化」と呼んでいた。

「託児」とは、子どもたちがとにかく「無傷」で安全に、その時間を過ごすこと。事業者（保育所側）にとっては安全に「お預かり」すること。別な言い方をすれば、きちんと「管理」をすること。保護者は安全に預かってもらうために、毎朝、子どもたちを保育所に連れて行く。

これに対して「保育」とは、(「託児」の要素を十分にふまえつつ)子どもたちがさまざまな失敗やトラブルを起こしながら、それを糧として、その時々を大事に生きていくことができるようにサポートすること。

両者のもっとも大きな違いは、「コトがおこる」ことをどうとらえるかにある。少々極端に言えば、保育はコトがおこってなんぼの世界、託児はコトがおこらなくてなんぼの世界ともいえる。保育所の先生たちは、保育と託児の境目をいったりきたりしながら、日々子どもたちと暮らしているともいえる。

私が持った違和感とは、この託児化＝サービス産業化という流れに対するものだった。それは「とにかく全てに優先して、ことが起こらないこと」＝管理の強化という形であらわれていた。

いま振り返ると、保育だけでなく介護などの社会福祉事業が「サービス」ということばで語られるようになってきたのが、２０００年代前半のこの時期だ。

「お子さんを安全にお預かりして、すこやかに成長させるサービス業」が保育者の仕事であると当たり前に語られるようになっていた。また、幼児教育・保育の業界全体では、英語や体操などの習い事や教室が、急速に増えはじめた時期とも重なり、子どもが自ら遊ぶという時間は大人が何かを指示し、教える時間にとってかわられていった。託児サービスにさまざまな「オプション」がつくようになり、子どもは、四六時中、何かを「させられる」か、何かを「してもらう」存在になった。

そして、親は、そのサービスを買う人、すなわち「お客様」となっていった。

いま、それが当たり前の保育所の空気となっている。現在のさまざまな子育て支援策は、専門職が特定の施設で、サービスを提供するということを前提にしている。そうではない世界がかつてあったとは思えないほどに。

「サービス産業化」の問題点

今、保育所に限らず、大人が子どもの隣にサービスとして「常駐」する光景は日常的に広がっている。たとえばスポーツの家庭教師、英語の学童保育など有料サービスの拡大によってさらに増えている。遊び場にしても、最近はショッピングモールなどに併設された有料の遊び場がどんどんひろがっている。90分500円延長10分ごとに100円などと書かれた看板が掲げられたゲートの中では、たくさんの親子がその親子だけで向き合って遊んでいる光景を目にする。

ゲームや遊園地は言うに及ばず、現代日本の子どもの暮らしは、「子どもと親のための(有料)サービス」であふれているといっても過言ではない。しかし、それが果たして子どものほんとうの意味での自信(自尊感情)をはぐくむことにつながっているだろうか。

ここで、社会福祉事業がサービス産業化していくことの問題点について、あらためて立ち止まって考えてみたい。

私は、①「あなたでなくてもいい」、②「他のお客は関係ない」、③「自らの未来について、関与しなくてよい(できない)」という3つ視点でこの問題を捉えている。

①「あなたでなくてもいい」

例えば、株式会社は金銭的利益をあげて株主に配当するのが使命である。利益があがらなければ、株主に責任をはたしたことにはならない。最大の金銭的利益があがるかどうかが問題で、この視点だけで言えば、相手がだれであろうと、利益があがればよいということになる。買う側にとっては、最小の負担（金銭）で最大の利益を得ることを目指す。売る人にとって、買う人が誰でもいいし、買う人にとって売る人が誰でもいい。「かけがえのある関係」と言えばよいだろうか。

これに対し、会社であっても、地元の会社や商店など、顔の見える関係での商いでは、自社の利益だけを優先していては、地域で生きていくことができなくなる。買う側にとっても、安く買えればいいということではない。地域経済が崩壊しては生活の基盤がなりたたなくなるからだ。

しかし顔が見えない関係＝全国展開の大企業やいわゆるグローバル企業になってしまうと、地域や社会に対する責任は第一義的な問題ではなくなる。

ケアとは、本来、ケアするものとされるものの協働によって成立する営みである。いわば「誰でもいい」という関係性を超えて生まれるものだ。質の高いケアとは、ケアする側がマニュアル通りの作業をするのではなく、ケアされる側と、「ケアする＝される」をこえて、ともにその時間を一番心地よく過ごせるよう、互いに協力して模索していく営みである。加齢などで「ひとりでできなくなった」ことを、「介助者とともにやりとげる」ことに価値を見出す、そんな共同の仕事である。時間をかけてやりとりを積み上げないと、よい関係にはなりにくい。つまりよいケアとは、共に生きる、ともに暮らすという表現に近いものなのだ。

とりかえ可能とは、ケアされる側にとっては、モノ扱いを受けることと同じ。ケアする側にとっても、金銭など他の価値によって保障されること以上の価値を感じられない（感じてはいけない）労働の場となることを意味する。

いま、介護の現場では、仕事が細分化され、オムツを替えるだけの仕事をしている人、オムツをたたむだけの人、食事介助の人、と分けている施設が増えているという【173ページ参照】。

「いまこのまちにいる人々が、ずっとこのまちで生きていくために、必要なシステムをつくり、お金をまわしていくこと」と、「お金をまわすためにそのシステムを使うこと」すなわち「あなたでなくてもよい」ということ。どちらの目的が優先されている社会が人として生きやすいかは明らかだが、残念ながら、この20年、後者が圧倒的に優位な社会を私たちはつくりつつある。

例えば、障害児の放課後。

２０００年代前半、障害児の親たちとその支援者の手によって、特別支援学校や普通学校の特別支援学級に通う子どもの放課後の時間を豊かにしたいと、障害児学童保育所が全国各地に生まれた。また、そこは子どもだけの居場所ではなく、親たちが出会い、共同して子育てをしていく場として生まれ発展してきた。しかし、２０１２年に「放課後等デイサービス」制度が開始されると、多くの民間企業が参入し、子どもたちの放課後の様子は大きく変化した。

埼玉県上尾市の「ＮＰＯ法人パーソナルアシスタント・サービスのつくし」【＊5】の代表理事・森山千佳子さんは、近年の変化を次のように心配する。

【＊5】 1995年、障害者施設の職員だった3人の女性が、障害を持っていても地域で普通に暮らせるようにしたいと、「パーソナルアシスタント」とよばれる生活サポート事業を独自に開始。その必要性を立証し、県に訴え、利用料の補助制度をつくり、全県にひろげてきた。日々放課後の時間を障害をもった子どもたちとともに過ごしている。

（支援費制度が始まり）この数年で、子どもたちの生活もだいぶ変わってしまいました。昔、（障害のある）子どもたちの放課後は、教育がみるべきか福祉がみるべきかという経緯があり、その結果、子どもたちの放課後は、福祉が見るべきこととなりました。「子どもたちには、充実した放課後を過ごしてもらいたい」、そう願って子どもたちと関わってきましたが、今の特別支援学校の昇降口は、まるで、戦場のような状況に感じられます。月曜日はあっち、火曜日はこっちと、日々違う場所で過ごし、下校時間には子どもたちの混乱と悲鳴が聞こえてきます。

子どもたちが、健やかに育ち、豊かな時間を過ごしながら大人になっていくこと。子どもにとって、何が一番大切なことか。何よりも大切なことは、『人と人との関係であり、どれだけの信頼できる大人がいるか。共に、育っていく仲間がいるか。そして、何よりも、自分の親からの深い愛情と自己肯定感を得られること』が大事だと感じています。

（『びぃあんびしゃす』30号2015年7月発行　NPO法人パーソナルアシスタント・サービスのっく　より）

放課後等デイサービスは、介護保険と同じく、日割りで計算され、その日来所した人数に対して報酬が支払われる。事業所にとっては子どもが来なければお金にならない。利用者が多い地域では、利用者を事業の都合にあわせて選ぶし、逆の場合は、利用者の囲い込みをということになる。利用者側も、特定の事業所を毎日利用できるとは限らないので、親は、あちこちの事業所と契約をすることになる。結果、子どもたちは日替わりであちこちの事業所に行くことになる。夕方、各事業所があちこちの特別支援学校に子どもを迎えに行くので、校門付近は数十台の車であふれ、「戦場」になるというわけだ。

このような事業者（すなわち大人）の都合で〝選び〟〝選ばれる〟環境は、子どもが育つ場所のありようとして、望ましい形なのだろうか。

「あれ、○君、今日は来てないね？　どうしたかな？」

誰かが休むと、こんな声が自然に他のメンバーから出てくる、この場にいなくても、まわりの人の気持ちの中に居る。そんな人と人の間にいるとき、人は安心を得、なにかをしようとする。しかし、毎日違う場所に「お客様」として連れて行かれたら、そこは、「自分の居場所」になるだろうか。

もし、小学校の先生が、児童に「本日もご利用いただき、ありがとうございます」と声をかけたら、多くの人が違和感を持つだろう。では、放課後の障害児ならよいのだろうか。それは人として尊重されているといえるのだろうか。

一方、別の障害児学童を運営する友人によると、最近は土日もふくめ、一週間ずっと「サービス事業者」を利用して、ほとんど子どもとかかわりをもってない保護者も増えてきたという。

「家族だけでやっていけないことはもちろんわかります。そのためにサービスがあります。だけど、中にはあずけっぱなしという親子もでてきて、これでいいのかなと心配になります。だって、一緒に時間をすごしていかないと、関係はつくれないですよね。とくに小さいうちに関係をきちんとつくっておかないと、思春期になって問題が顕在化することがよくあるんです」と友人は心配している。

お客様である前に人であるということが優先されない場で、どんな人が育つのだろうか。

「このメンバーでやっていくのに、お金が必要、さてどうしようか、利用料あげるか、補助金あげてもらえないか訴えていくか、とりあえずバザーをするか、などと皆で悩む」運営と、「売上げを伸ばすためには、どんな子に来てもらうといいかね、と考える」運営。どちらの場が子どもの育つ環境としてふさわしいのかは明らかであろう。障害児学童保育から事業者になった児童デイサービスもあり、そこでは、学童保育時代と同じような理念で、居場所として機能すべく制度をつかって努力を重ねているところもある。しかし、大勢としては、急激な市場の形成で非常に多くの問題を抱えた状況になっている。

「先生は俺たちの言うこと聞かなければいけないんだよ、だってお金払ってるんだから」

これは、友人の学童保育の指導員が子どもたちから聞いたことばである。事業者の都合で選別されたり、囲われたりしていることを敏感に感じとった子どもからの異議申し立てに聞こえるのは、私だけだろうか。

②「他のお客は関係ない」

サービスモデルでは、事業者と顧客は一対一の関係（契約関係）を結ぶことで成り立つ**【図2】**。そこでは「顧客同士の関係」は、歓迎されない。事業者は顧客どうしが通じることをむしろ避ける傾向がある。顧客同士が関係を結ぶことが、事業者の利益につながることは通常はない。顧客の情報は、事業者のみが知り、他の顧客に知らせること、または知りあえる機会をつくることは基本的にはない。いわば保護者が他の子どもや保護者に関心をもつ、ということを奨励する必要は「事業者」としては原理的にはない。

スーパーの買い物ならそれで問題はないだろう。しかし、本来親だけでなく多くの人がかかわる中でしか成立しない営みである子育てについては、大きな問題を孕む。

保護者同士が知り合いではない、保護者が自分の子どもにしか関心がないとき、預かる側は安心して子ども同士のかかわりを見守ることはできない。

前述のとおり、子どもは、子ども同士ぶつかったり、トラブルを起こしながら育っていくものだ。しかし、あらかじめ関係ができていないと子どものケンカでは終わらないことがしばしば起きる。ことが起こってから、はじめて話をするというのは、話を持ち出す側も受けとる側も、高い緊張感をともなう。気持ちの〈あそび〉がないままにやりとりをすると、すぐにこじれる。それを恐れて保育者は、トラブルがあったときに、子どもたちが自分で解決していくことを見守れず、禁止したり、「裁定」したりしてしまう。

その結果、子どもたちは「あの子、貸してくれない」と、大人〈権力〉に訴えることが習い性になっていく。自分たちで解決できるという自信や他者への信頼は育たない。

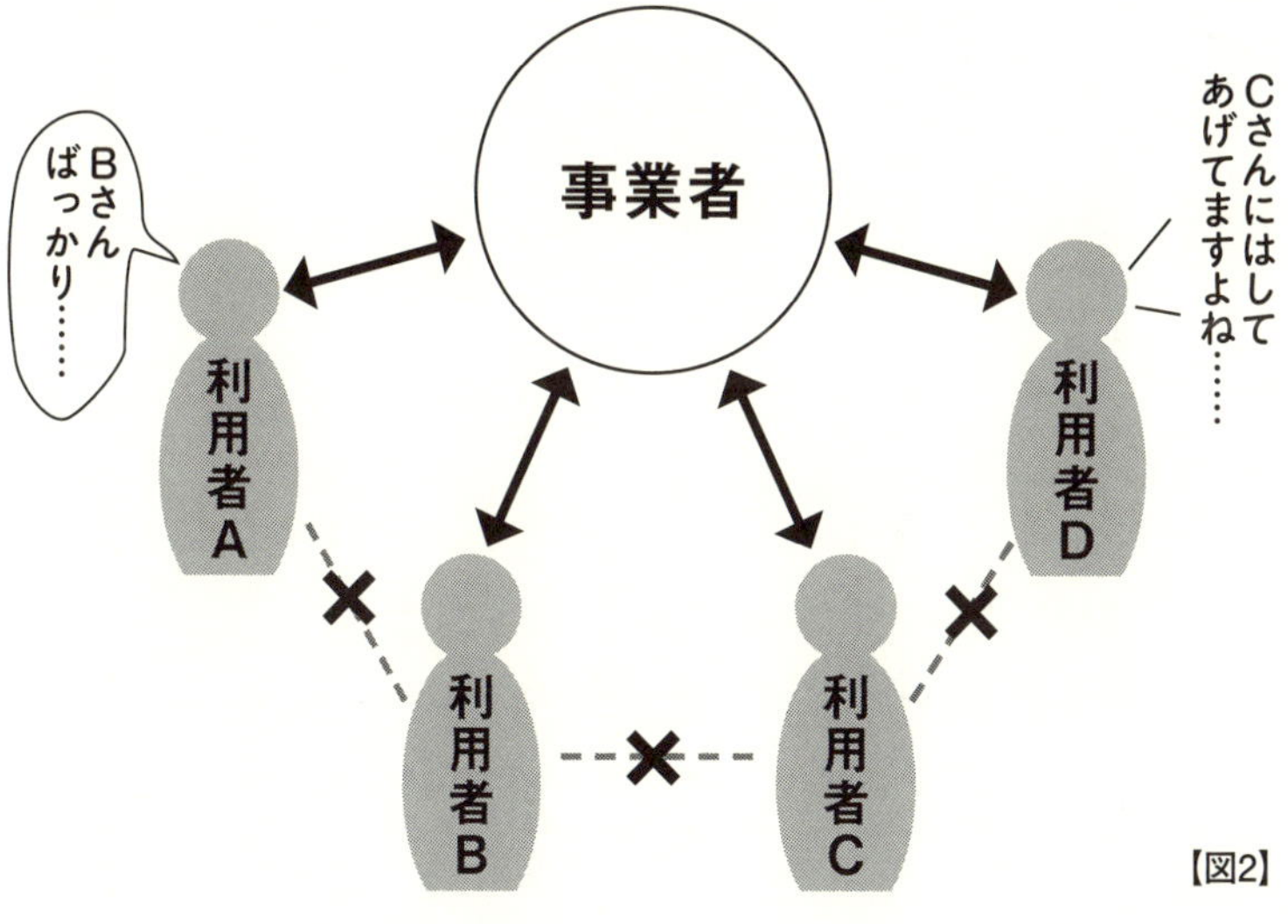
事業者
Bさん
ばっかり……
Cさんにはして
あげてますよね……
利用者A
利用者B
利用者C
利用者D

【図2】

私が理事として参加しているＮＰＯ法人が運営する学童保育所で、最近、保護者からこんな質問をうけたことがある。

「近々、市内の全部の小学校で、特別支援学級ができるんですよね、そうするとうちの学童にも入ってくるっていうことですよね。人数制限をしなくていいのですか……」

最初聞かれていることの意味がわからなかったのだが、少しやりとりして、この保護者の心配は、その子にばかり手がとられるようになったら我が子はどうなるのか、ということであることがわかった。私たちはこれまで、障害の有無にかかわらず、入所の相談があったとき、可能な限り受け入れるという方針をとってきた。運営者としてきちんと受け入れることが可能かどうか、安全を確保できるかどうか、その子の育ちにとって学童で受け入れることがよいのかどうかなどで迷うことはあったが、基本は受け入れることを前提に、何が必要かという相談を当該学童の職員、保護者会と相談してきた。ゆえにこの質問に驚き、すぐには返答できなかった。

学校や幼稚園に、「なぜウチの子が（劇の）主役ではないのですか？」という電話をする保護者がいるそうだが、そこまではないにしても、自分の子はみてもらっているのだろうかとそればかりが気になる保護者は確実に増えている。

この傾向は、ひとつまちがえると、家庭が不安定だったり障害を持っているなど、いわゆる大人の手を少し多く必要とする子どもたちに対して、「あんな子がいるから」ということばにつながっていく。いろいろな子がいて「迷惑をかけあいながら、でも関係を切ることなくつきあっていくこと」を学ぶ場が、保育所・幼稚園・学校・学童のはずなのだが、こういう保護者の声が増えてくると、障害をもっている子の保護者や、受け入れる姿勢を持つ職員は、精神的にかなり厳しい状況においこまれるだろう。場合によっては子どもが排除されかねない。

2016年7月26日、相模原市の障害者施設「津久井やまゆり園」が襲撃され、19人が死亡、26人が重軽傷を負うという事件が発生した。容疑者は、「重複障害者は生きていても意味がないので、安楽死にすればいい」と供述したという。重大事件はさまざまな要素が重なっておこる。その一つとして事件の背景にあるものは、できる子、できない子と他者と比較し優劣を決める風潮、「あんな子がいるから」という排除の思想の広がり、そして他者への無関心なのではないだろうか。

「人数制限をしなくていいのですか……」という保護者の質問とこの事件は地続きに見える。この質問をした人もまた、そうした視線の中で育ち、その視線を自分自身に向けながら育ってきたのではないかと想像する。

事件の2日後、新聞に全盲・全ろうの東大教授・福島智《さとし》さんの寄稿が掲載された。事件の背景にある日本社会に広がる思想や価値観の問題として考えるべきだとして、次のように書かれていた。

労働力の担い手としての経済的価値や能力で人間を序列化する社会。そこでは、重度の障害者の生存は軽視され、究極的には否定されてしまいかねない。(中略)しかし、これは障害者に対してだけのことではないだろう。生産性や労働能力に基づく人間の価値の序列化、人の存在意義を軽視・否定する論理・メカニズムは、徐々に拡大し、最終的には大多数の人を覆い尽くすに違いない。つまり、ごく一握りの

「勝者」「強者」だけが報われる社会だ。すでに、日本も世界も事実上その傾向にあるのではないか――

（毎日新聞　２０１６年７月28日）

社会的な関係の中でその人の存在を見るのではなく、一人ひとりを切り離し、個々にその能力を問い、比較し、選別する＝「適切な場」をあてがう――。事件は、この半世紀、教育現場で行われてきたことの当然の結果とは言えないだろうか。私たちは今、放課後の時間をふくめ四六時中「自分のことだけ考えろ」というメッセージを子どもたちにおくりつづける暮らしをしているのではないだろうか。

③「自らの未来について、関与しなくてよい」

メーカーであれ、サービス業であれ、市場システムとしていったん機能しだすと、助け合い／お互い様であるという意識は遠のく。顔の見えない関係になればなるほど、経済原理に見合わない部分はそぎおとされていく。ときには、施設側（企業側）だけの理屈で、「撤退」となる。地域課題の解決よりも、企業の収益を優先することは営利事業（とくに地元の資本ではない場合）としては、当然の判断だが、しかし、判断される地域にとっては、死活問題になる。企業が消費者の声を聞くのは、その企業の売り上げをあげるためであって、消費者のためとはいえない。

一方、消費者は、その事業に責任をもつ必要がないかわりに権限も持たない。

「お客様」はどんなに大事にされても、会社の意思決定に公式に参画できるわけではない。

言い換えれば、自らが責任をもつことができるという実感をもてないということになる。そこから、他人まかせで「なんとかしてくれないか」という「くれない族」が生まれる。「○○してくれない」は、自分たちでつくる、変えることなどできないという無力感のあらわれ、すなわちディスエンパワメントの結果としての表現なのである。

自分がこの場、このまちをつくる当事者である、自分たちはそれができるという意識、あるいは他者によびかけ、他者とおりあっていこうとする意志をもつ人を市民とよぶならば、普通に暮らしていくことが、市民を育てることにはならないというのが現代日本社会ではないだろうか。

市立図書館の司書をしている知人から次のような話を聞いた。

「以前と比べて、市民からの意見の内容が大きくかわりました。以前は、公立図書館としては、こんな本をいれるべきではないか?という『図書館のあり方』に関する意見や提案が多かったのですが、いまは、隣の人がうるさい、なんとかしてほしい、というような苦情というか『いいつけ』のようなことが多くなりました。寂しいですね」

公共空間の〝劣化〟を明確に示すエピソードではないだろうか。

前述の国際比較調査では、「私の参加により社会現象を少し変えられるかもしれない」と答える中高生の割合も、日本は比較した7カ国中最低である【＊6】。

中高生に限らず、私たちは自分の生活を自分で決め、つくっていくことができなくなりつつある。

一方、働く現場でも、「決めることができない」世界は広がっている。例えば、八百屋の店主は、大

【＊6】「私の参加により社会現象を少し変えられるかもしれない」と答える中高生の割合。日本30・2%、韓国39・2%、スウェーデン43・4%、フランス44・4%、イギリス45・0%、ドイツ52・6%、アメリカ52・9%。「平成26年版　子ども・若者白書（概要版）特集　今を生きる若者の意識～国際比較からみえてくるもの」。

根の値段を自ら決め、「失礼な客には売らない」という対応もできる。しかし、ショッピングモールの店員にはそれができない。失礼なお客がきても、仕事だからとがまんしなければならない。それは、自分が客になったときには、同じことをしてもいいということを意味する。そうして、人はしだいに、立場で語るようになり、人と人としてのやりとりをすることができなくなっていく。金銭を媒介にしたサービスを提供する人と、それを買う消費者という立場以外の自己認識をもてなくなっていく。

以上、「あなたでなくてもいい」、「他のお客は関係ない」、「自らの未来について、関与しなくてよい」という3つの視点から、サービス産業化（住民のお客様化）の問題点について考えてきた。しかし、この半世紀、そういう暮らしを選んできたのはまぎれもなく私たち自身だ。なにも天災のように降ってわいたことではない。

村落共同体の中で労働の現場が暮らしそのものであったかつては、強い結びつきがある反面、息苦しい社会でもあった。都会に出てきた若者たちは、稼ぎ、消費することで、「自由」を感じることができた。コンビニやネット通販で、会話をする必要もなく買い物をすることができるようになった。団地やマンションによって隣人に監視されない環境を得た。しかしそれは、同時に、孤立と隣合わせの暮らしでもあった。

とりわけ子どもの育ちという点では、大きな問題を抱えることになった。親たちは、「互いに助けあう関係、迷惑をかけあってもこわれない関係性を身近な人と持つことのないままに、子どもと暮らすこと」という困難を抱えた。気持ちの〈あそび〉をもてないまま、子どもと向き合う暮らしは、苦痛をともなうものだった。

教育は、競争の現場になり、親にとって投資の対象になった。子どもたちは、「今その時間を将来のために使え」といわれ、「ヒマ」を奪われた。

「息苦しさ」から解放されたがために向き合うことになった「生きづらさ」。その正体をきちんと見据えないままに、私たちは対症療法的にさらなるサービスで対応しようとしているのではないか。そこに大きな無理があるのではないだろうか。

「専門性」を強調するリスク

次にサービス産業化の流れに並行して生まれてきた変化として、「専門職」の問題について触れておきたい。いま私たちの社会には専門職が増殖しつつある。

そして、「なにか問題が起これば、それは専門職に委ねる」という発想がひろがりつつある。この発想と、ここまで述べてきた社会福祉事業のサービス産業化にともなう様々な問題は深くリンクしている。

例えば、阪神・淡路大震災のあと「傾聴」「心のケア」ということばが一般化した。東日本大震災では「話を聴くよ」という人（臨床心理士等の専門職や傾聴ボランティア）は、阪神の時と比べ物にならないくらいに増えた。

でも、それが本来の姿なのだろうか、と哲学者の鷲田清一さんは著書『語りきれないこと　危機と傷みの哲学』（角川学芸出版）で疑問を投げかけている。

『心のケア、お断り』そんな貼り紙をしている避難所があると、知人から聞きました。『聴く』ことの専門家への不信が、こんな形で現れることもあるのですね

専門職やボランティアの「いかにも聞きます、わかります」という態度への、「そんなに簡単にわかられてたまるか」という気持ち、被災者役割を演じることを強要されることへの拒否ではないか、と鷲田さんは考える。

そして「語り切るまで待つ」ことが、伴走者の本当の仕事ではないか、過酷な体験を自分で語りなおすことで、受け入れていく時間。急かすこともしないし、終わりが決められてもいない。ほんとうのケアというのは、そんなふうに「時間をあげる」ということではないか、と問題を提起する。

東日本大震災で大きな被害をうけた三陸の人々は長い間、普段の暮らしの中で「傍らにいて、何かしながら」、お互いに時間を与えあってきた。そうであるならば、必要なのは傾聴ボランティアではなく、仮設住宅への移動などで、そういう関係が壊れないようにすることではないだろうか、と。

その問題が、人々の暮らし方の中から生まれてきた問題なのだとすれば、その問題の根本的な解決とは、暮らし方を変えていくことだろう。根本を見ず、いわゆる「問題行動を起こす人」に対し、専門職をあてがうだけでは、対処療法としては有効でも、それ以上にはならない。問題は繰り返す。

子どもには保育所や学校を、障害児にはデイサービスをとそれぞれ専門の施設をつくり、専門職をおいてきた。しかし、それは結果として、人々はまじわらず、他者に無関心な社会をつくってきたということでもあった。

「（児童館は）まちから子どもという宝物を奪ったんじゃないか」という北浜こども冒険ひろばの宮里和則さんのことばを重くうけとめたい【137ページ参照】。

専門職がいらないと言っているわけでも、その専門性を否定したいわけでもない。専門職にゆだねておけばいいという意識を人々がもってしまうのではないか、ということを強く懸念している。それはその人の問題だから、その人が専門職にみてもらえばいいのだというふうに、日常の中から排除することが容易になっているのではないか、そしてそれは、専門職にとっても、その専門職を必要としている人にとっても幸せなことになっていないのではないか、と。

学童保育は現在、深刻な人手不足に悩んでいる。前述の私が理事で参加しているＮＰＯ法人の学童でも、それは慢性化しており、どんなに求人を出しても、必要な人数が集まらず苦しんでいる。では給与を上げてといっても、行政からの委託料はそう簡単にはあがらない。学童の指導員（支援員）はまだ社会的な認知度が低いからである。仕事の価値が評価されていない。そこで「専門職なのだから、きちんとした給与が払えるようにしてほしい」と要望する。

しかし、そうして専門性を強調することが、「先生、専門職ですよね。うちの子に何をしてくれるんですか？」という保護者のことばになったり、「子どものことは専門職しかかかわってはいけない」という社会の風潮を加速させてしまうのではないか、と危惧している。ゆえに専門性を強調しつつも、一方で公共の場にかかわる職員（専門職）の専門性は、もっと多様な視点から問い直される必要があるのではないかと考える（第４章「コミュニティワーク」の項で詳述する）。

ここまで、人々が「お客様」になっていく状況とその問題点についてひとつひとつ考えてきた。

次に、遊びの消滅につながるもう一つの流れ、すなわち制度化（お役所化）の問題について考えていきたい。

3 「西川さんのような保護者ばっかりじゃないんですよ」

「禁止」の生まれる構造

「あちら側」と「こちら側」

「西川さんのような保護者ばっかりじゃないんですよ」

2000年代はじめ、娘が保育所にかよっている間、保育者たちから繰り返し、何度も聞いたことばだ。

「どろんこ遊びは、このパンツだけにしてください、って言われたこともあるんです」

「親がこわくて子どもたちにケンカさせられないのよ」

小さなケガでさわぎたて、保育者につめよる親、いきなり市役所に電話して「告発」してしまう親……全体としては少数ではあるがこうした親は今どこの保育所にもいる。

一方で、当時、こうした「強くものを言う」親にあわせて保育の中身を縮小すると、上の子を持つ親などは「お姉ちゃんのときは○○ができたのになぜできないのか」と不満を持つ。積極的に保育所にかかわってきた親ほど保育所がどんどん変化していくことに納得がいかず、不信感を持つことになった。

そして冒頭のセリフになる。

私もひとりの親なのになぜ私の意見はとりいれられないのか、と不満がたまっていく。知らずしらずのうちに、ものの言い方がきつくなってくる。それが、保育者にとっては、苦情のように聞こえるようになる。保育者たちは保護者の前では、仕事だから（こちらはお金をもらっているから）とことばを飲み込む。一方、保護者も「クレーマーと思われたくない」と言いたいことを口にしなくなっていく。そして、両者の胸に「どうせ」という気持ちが溜まる。互いに「どうせ、保育所は勝手に決めるのでしょう」「どうせ保護者に言ってもわかってもらえないでしょう」と言い合い、丁寧なやりとりができなくなり、結果、立場でのみ相手を見るようになる。

こうして運営側と利用者側の間で壁ができ「あちら側」と「こちら側」にわかれると、どうしても互いに情報を開示しない方向になり、共につくるという雰囲気が施設内から失われていく……。

こうした対立や不信の構造は、保育所に限らず公共の施設の運営にかかわっている人なら「あるある」と共感されるのではないだろうか。

利用者同士の意見が対立したとき、しそうなとき、運営者はなるべく情報をださないようにする。その上で、強く意見を言う人には個別に対応して、なんとかあきらめさせようとする。その時のセリフが「あなたのような意見だけではないのですから」だ。そして、黙っている人の意見はないものとして、見えないところで決定が行われていく。

人は、自分が決定に関与したという実感（納得）があれば「自分が責任を持とう」と思うものだ。しかしそれがなければ、責任は「とらされる」ものになり、その中で生まれてくるのは「ことなかれ主義」と「禁止」だ。職員にとって、なるべくなにもせず、リスクをとらないのが仕事となる。やってみようという気持ち(＝遊び)を持つのは難しくなる。

住民・利用者は、意思決定に参画していないので、オーナーシップ／課題解決の当事者であるという自覚(この場所は私たちがつくるという責任感)は育たない。言いっぱなしの住民と、聴きっぱなしの事業者という構図がのこる。

私は、娘が通っていた市立保育所に、保護者として合計12年かかわったが、一度も「この保育所をどんな保育所にしたいか」と(公式にも、非公式にも)聞かれたことはなかった。「保育所で子どもたちに、どんな時間を過ごして欲しいと思っているか」を保育者と保護者で話し合って学ぶような時間は公式にはなかった。

唯一あったのは、行事の中身が変更されたり、連絡帳や壁ポケットがなくなるなど、保育所が突然、「方針変更」を決定したことが知らされ、あわててひらいた保護者会の役員会などで「もめた」時などだけだった。

読者のみなさんはどうだろうか。ご自分が働いていたり、通っていたり、ボランティアなどでかかわっている学校や公民館、図書館などのいわゆる公共施設から、そんな問いかけや、ともに考えてほしいというよびかけを受けたことがあるだろうか。「あなたはこの場所をどうしたいか?」ときちんと問われたことがあるだろうか。

焚き火ができなくなった理由

しかし、問題はなにも行政側の姿勢だけにあるのではない。私は第2章で紹介する「ヤキイモタイム」を展開してきたが、「えっ、街中で焚き火してもいいいんですか」とまずは驚かれることが少なくない。

野外での焚き火を条例や規則でしばっているところもあるが、そうでない自治体のほうが圧倒的に多い。とくに私有地では、近隣の了解をとり、風向きを考慮すれば都市化がすすんだ郊外などでも、案外、簡単にできる。にもかかわらずはじめから「できない」と思いこんでいることのほうが多い。

思い込みや自粛が広がる背景には、公園などでの禁止の看板の増殖、管理の強化がある。そして、「禁止」の裏には、「煙が出る↓近隣住民が役所に苦情の電話をする↓役所が禁止する」という構図がある**【図3】**。

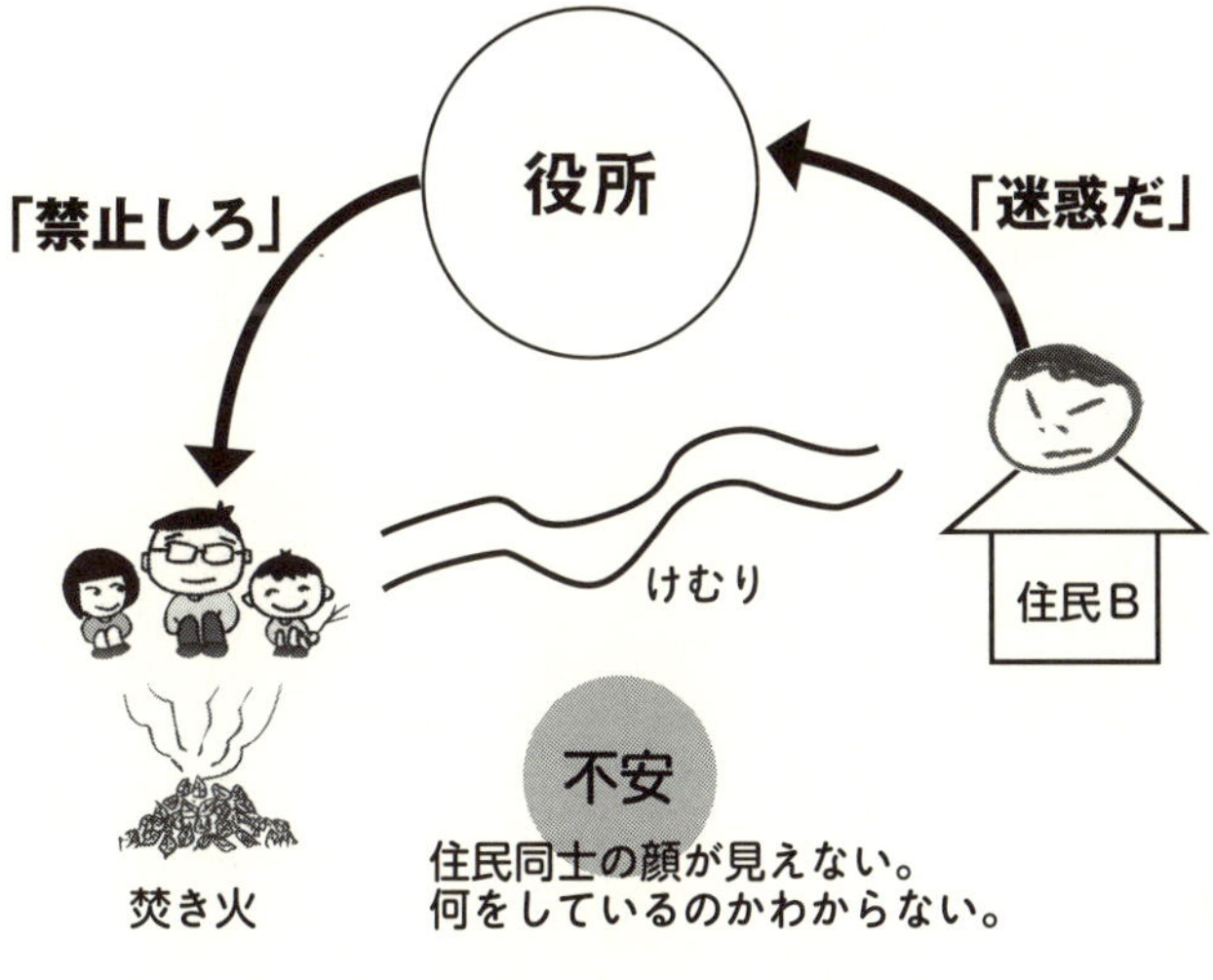

【図3】

苦情をいれる人は、匿名の人が多い。焚き火が難しくなっていることの裏には、役所という権力に頼り、直接のコミュニケーションの労をとることを惜しむ（または恐れる）住民の姿がある。役所に「なぜあんなことをさせるのか」と苦情の電話をする住民の姿は、前述の「ブランコ、貸してくれない～」と大人に訴える子どもと重なる。

住民が「行政の責任」を問う。「責められている」と感じる行政は表向きさまざまないいわけをしながら、裏で「住民はどうしようもない」と愚痴る。この不信感の応酬が、萎縮と禁止を生み出す。公園の禁止の看板や、公共施設における種々の禁止の張り紙はこうして増えていく。

本書の冒頭で、教頭先生の「何かあったら困るので」の「何か」には2つの意味あいがあると述べた。一つは、子どもに何か重大事故があったら、という本来の心配。そして、もう一つは「苦情」である。もうこれ以上、苦情をもらいたくない＝何ごとも自分のせいにされたくない↓何かがおきることにつながるようなことは極力やめよう、と。

「それは誰のせいか？」「自分のせいにされたくない」という発想が、いまじわじわと、しかし確実にひろがってきている。遊びが許容されない背景にはこうした人々の、「社会に対する漠然とした不安」がある。

政治学者の齋藤純一さんは、公共をofficial《オフィシャル》、common《コモン》、open《オープン》の3つの意味に分けている。まず「オフィシャル」は、国家や行政が法や制度に基づき行っていること。「コモン」は、共通の利益、財産、規範、関心事。そして「オープン」は、誰もがアクセス可能な空間（『思考のフロンティア　公共性』

岩波書店)。

日本では、これまで公とは、お上＝官を意味してきた。公共施設は、ほぼ官立施設《オフィシャル》と同義だった。「官のもの」であって、「私のもの」ではないという感覚でとらえてきた。「公」に、「私」は入らない。

私は、以前、保育所の保護者会の広報紙に「市立保育所って誰のもの？　私たちのものですよね。つまり私たち次第。一緒に活動しませんか」と呼びかけたことがある。そのとき所長から「西川さん、この『私たちのもの』という表現はちょっと……」と修正を求められた。私は当時、所長が制止する理由がよくわからなかったが、その後、保育所をめぐってさまざまなやりとりをして、所長が意識していたのは、市役所（本庁）の幹部の目だと気づいた。市立保育所は役所（官）のものだと言いたかったようだ。ゆえに、住民は、手をつけてはいけないと。一方、役所で意思決定する人（管理職）たちは、「自分のせいにされたくない」が第一だから、住民にはなるべく知らせず、かかわらせないことを選ぶ。そして、「規則ですから」を繰り返す。手も口もだせない住民は公共の場に対し当事者性《オーナーシップ》を持てなくなる。その結果、苦情というものの言い方をするだけの「お客様」となっていく。

子どもたちは、もともと路地や空き地などの主に「私立」の場所で、かつ暗黙の了解として許容されてきた場所で遊んできた。しかし、人がまじわり、さまざまな機能をあわせもっていた路地や「通り」は、舗装され車のものになっていった。空き地はつぶされ、官立の公園や児童館にとってかわられていった。そうしてまちから「共有のスペース（コモン）」を喪失していった
公園は、「みんなの場所」といいながら、誰の場所でもない場所、誰もだいじにしない場所、誰もが自分の場所とは思えない場所になってしまった。

多様な人々が集まると、さまざまな願いがあり、やりとりをし、折り合いをつけなければならない。手間がかかる。そこで、その手間のかわりに、私たちは料金を払って、誰かの提供してくれるサービスを買うことで手軽に娯楽を手にいれることを選んできた。「いつもの空き地」で、「居合わせた子」と遊びを発生させるかわりに、買い与えられたゲームで、限られた友達と遊ぶ子どもたちの姿と重なる。公園にあふれる禁止の看板は、私たちの社会、公共の現在のあり様を端的に表している。

4 「よりよいサービスをみなさんに」

2つの新しい公共

いま私は「公共のあり様」と言った。では、公共ということばが近年どのように使われてきたかについて少し整理してみたい。

2009年に民主党政権が誕生した時、「新しい公共」ということばが使われ、話題になった。この「新しい公共」ということばは、1998年のNPO法(特定非営利活動促進法)の制定前後から、ボランティア・市民活動・NPO・NGO業界の中ではお馴染みの用語だった【*7】。私自身も、NPO法の成立後すぐに、NPO支援センターを立ち上げ、講師に呼ばれると、『新しい公共』をつくるためにNPO法がつくられました。これからの公共のあり方は、NPOを推進し、協働して社会をつくることです」などと発信していた。

ではいったい、「新しい公共」ということばを使って、私たちはどんな「新しい」社会を目指していたのだろうか。私は、大きく二つの流れがあったと考えている。一つは、ものごとの決め方＝「公共そのものの在り方」を問い直そうという議論。そしてもう一つは、公共「サービス」の「担い手」をめぐる議論。この二つは、密接に関係しているがそれぞれ別の問題だ。しかしこの間、ときに（意図的に、または無意識に）混同して使われてきた。

以下それぞれをふりかえりながら、公共をめぐる論点を整理する。

【＊7】　NPO・NGO＝人々の自発性にもとづく参加を活動のベースにした政府系でない非営利の社会組織。狭義では特定非営利活動法人（通称NPO法人）やボランティア団体、広義では、生活協同組合、社会福祉法人などを含む。

「市民社会をつくる」

まず前者「公共そのものの在り方」について。

以前、私が自治体の職員研修の講師をした時、「『協働』を『〜ではない』ということばで、言い換えてみてください」と出題したことがある。すると、こんな答えが返ってきた。

いわく「行政がなんでもするのではない」「トップダウンではない」「一方通行ではない（行政から住民、その逆も）」「（住民から）言われっぱなし、（住民に）言いっぱなしではない」「役所だけで決めない」……。

行政と住民の関係をめぐって何が問題だったのかは、これらのことばに端的に示されているように思う。住民側から見ると、行政は「言い訳ばかりして、途中のプロセスは隠し、結局、内部でいつのまにか決めてしまう」と見えている。そして、「勝手に決めて、どうせ私の言うことなんて、とりあげる気はないのだ」と。税金は「取られる」もので、「こんなまちになったのは、行政の責任」と怒る。

一方、役所の職員の目には、住民は「勝手なことをそれぞれ言う人たち」「何をいっても聞いてくれない、自分の意見だけを主張する人たち」と映っていた。だから「意見を聞けば聞くほど揉めるだけだ」となるべく情報を出さず、意思決定のプロセスを伏せた。

こうして両者の間には深刻な不信感が広がっていった。

そんな中で、90年半ばから、社会に注目されたのがＮＰＯ・ＮＧＯだった。阪神・淡路大震災の救援活動で可視化されたのを契機に、社会がＮＰＯなどに大きな期待をよせた。

自分で決めたという実感を持つことについては、人は自ら責任を負う。だからなんとかしようと自然に動く。他者のせいにしない。

自分がこの社会をつくる（変える）当事者になれるという実感を、人々が持てるようにすること。異なる意見を持つ者同士が、合意を形成しつつ共に動くこと。そんな対話によるまちづくりを専門的に考え、実践する組織として、人々はＮＰＯに期待を寄せた。それは、新しいコミュニケーションのデザインによる、もう一つの公共のあり方を模索するものだった。私たちは、期待をこめて「協働」とよび、そのような社会のあり方を「新しい公共」または「市民的公共性」あるいは「市民社会」と呼んだ。

しかし、あれから15年以上を経た現在もあいかわらず行政に対する不信は根強く、自らが社会変革の当事者でありうるという実感をもっている人が増えているとは言えない現状がある。旧態依然の「由らしむべし知らしむべからず」の運営で、意思決定の場面では排除しておきながら、労働力のみ（動員）

をあてにするというような場面をしばしば目にする。旧来の地縁組織（町会や自治会）とのギブアンドテイクの関係にしばられているところも多い。風通しがいいといえる自治体は全体としてはまだまだ少ない。

「サービス」としての公共

さて、もうひとつの「新しい公共」の議論は、「公共サービスの担い手（提供者・事業者）はどうあるべきか」という文脈で語られてきたものだ。ものごとの決め方にこだわる公共ではなく、「サービス（提供）」としての公共という視点だ。それは役所管理型の運営のなかで、民間が現場を下請けするというサービスモデルを前提に【247ページ参照】、「官か民か」、そして民ならどんな民が引き受ければよいのかという議論であった。

財政難が顕著になりはじめた90年代なかば、政府・自治体は「顧客志向」を看板にかかげ、コストカットと規制緩和によって「公共サービスの担い手（事業者）」を民間の企業やＮＰＯにひろげ、これをニューパブリックマネジメントと呼んで推進した。

以来、さまざまな分野で民営化や民間委託がすすんだが、社会にもっとも大きなインパクトを与えたのは、２０００年に始まった介護保険制度だろう。「介護の社会化」をスローガンに、介護を家族だけで担うべきという考えから人々を解放することになった。「措置から契約へ」＝お上のお仕着せの措置ではなく、選択と自己決定へとうたわれた。「お上のお世話になるなんてはずかしい」と、市役所や社会福祉協議会の車を自宅の前にとめることをいやがる人が少なからずいた時代に、介護保険は人々の意識に大きな変化をもたらした。

しかし「介護の社会化」は、実際には、たくさんの企業等が事業者として参入し、社会福祉が急速に「サービス産業化」していくことでもあった。

さらに、２００３年に指定管理者制度が導入されると、公共施設の運営に民間が参入することが本格的に可能となり、「よりよいサービス」を、安く、住民に提供するという考え方は社会の主流になっていった。

行政は、こうしたサービス供給主体の多様化を「新しい公共」や「協働」と呼び、これを推進した。この流れは、官がほぼ独占し、硬直していた公共事業に新しい風を吹き込んだ。佐賀県武雄市の武雄市図書館は、その象徴的な存在だろう【79ページ参照】。

しかし、その一方で、さまざまな問題を発生させてきた。例えば、介護事業や無認可保育所事業の会社本体の経営悪化による突然の撤退、そして保育や介護の「質」の問題。民間委託された先の施設のあまりに低い給与の問題（官製ワーキングプア）、元請け下請け関係（決めるのは行政、やるのが民間）の固定化、などなど……。指定管理者制度は、数年に一度の更新期にその仕事を失うかもしれないというリスクをかかえており、働く職員にとって不安定な職場となっている。非正規労働が主流になり、生活給を保障することや、研修などによって質を高めることに予算をまわすことも難しい職場が多い。

そして、２０１１年、東日本大震災・原発事故があり、翌年に再び政権が交代になり、「新しい公共」はすっかり過去のことばとなっていった。

この20年は、総じて、住民を社会サービスの消費者すなわちお客様であるとする社会的な認識が広がった20年だった。２０００年代前半、小泉内閣で郵政民営化が問われた時は、まだ公共とは何かということについての議論の余地があったが、それから10年を経て、現在はその問いすら成立しないほどに、「サービスとしての公共」は定着した。暮らしの外注化は急速にすすみ、様々な有料のサービスが生活の隅々までに行き渡っている。とくに保育所、学童保育所などの子どもに関する社会福祉事業に関しては、需要が爆発的に拡大し、政府・自治体はそれに対応するためにさらに規制を緩和し、民間の参入をうながしてきた。公共のあり方云々というような議論は、ほとんどなくなった。

本来、「新しい公共」は、新しい社会像について議論するためのキーワードであり、政権が変わったとしても、何年もかけて議論し、試行していくべきものだ。しかし、もはやこうした議論が成り立つ土壌があるとは思えないほど、サービスとしての公共は日常の風景になった。今後、政権がどう変わろうと、この流れは拡大していくだろう。

5 「話すひとの心は聞こえてこない」

先日、小学6年生になる娘あてに、通信教育の勧誘チラシ（DM）がおくられてきた。

「今は成績いいから安心♪」なんて思っているきみへ衝撃の事実を大公開！　ヤバイゾ！　中学のセンパイの証言データによると、中学生の〇%が「勉強は小学校に比べてムズカシイ」と答えた！　6年のスタートでつまずくと、10人のうち7人が中学でもつまずく！　でも大丈夫！　この春休みのスタートからはじめれば、中学でも成功できる！」

カラフルな包装のなかには、マンガあり、親向けの冊子あり、全部で9種類。「まず脅しておいて、でもこれさえあれば大丈夫」は、いかがわしい宗教勧誘の常套手段。ご丁寧に冊子の中には「おかあさん・おとうさんの説得の仕方」まで書いてあり、最後に「××（娘が通っている小学校の実名）小学校では、全校生徒○人のうち、すでに○人がやっているよ」とダメ押ししてある。

かつての教育産業は、親を脅していたものだ。いま、直接に子どもを脅す時代になったのか、と軽い衝撃を覚えた。

1973年に書かれた児童文学、ミヒャエル・エンデの『モモ』では、灰色の男たちが人々に「時間を投資しないか」とささやいて時間を盗んでいった。今はとてもカラフルな装いで、露骨に脅す。

実際、モモが出版されてから約半世紀の間、「子どもの時間」は、「サービス産業化」の侵食を受け続け、遊びも学びも、そのすべてが売り買いの対象となってしまった。

本章では、サービス産業化と制度化（お役所化）の現状とその問題点について述べてきた。市場と制度によって「よりよい専門的なサービス」を調達することに私たちは成功した。しかしそれは、お客様としての自己認識のみを育て、孤立化を招き、苦情という表現しかもたない大量の住民を生み出した。それは言い換えれば、私は、この社会を変えることはできない、無力であるという自己認識を多くの人が持つにいたっているということを意味する。

本章冒頭でご紹介した自信が持てない子どもたちの姿に重なる。

高度成長以降の子どもたちは、2つのものを失った。一つは仕事。もう一つは遊ぶという行為である。かつては農業、自営業が多く、さまざまな子どもの仕事があり、具体的に子どもの手を必要としていた。しかし、生産（稼ぐ場）と再生産（子どもの育つ場）の場が分離されて、子どもたちは仕事、すなわち家族や地域社会の中での役割を失った。かわりに大人たちが管理しやらせる時間、やってもらう時間が増え、自由に自分たちでつくる時間、すなわち遊びの時間を失った。普通に暮らしているだけでは、多様な人々との豊かなかかわりが持てなくなってしまった。

他方で、サービスとして子どもたちに仕事でかかわる大人たちが激増した。彼らは、常に責任をとらされないように、ことが起らないようにと子どもに接するようになった。

社会学者の宮台真司さんは、「郊外化」という概念で、この半世紀の日本社会の変化を、「〈生活世界〉が空洞化し、〈システム〉に置き換わっていった」と説明している。〈生活世界〉とは「善意と自発性」に支配される、人間関係や人情が意味をもつようなコミュニケーション領域。個人が日常生活で、出会うヒト、モノ、コトの意味のつながりの世界の総体。〈システム〉とは「役割とマニュアル」に支配されるコミュニケーション領域のこと。人の入れ替えが可能で、物事を計算可能にする手続きが一般化した領域のこと。

もともと〈システム〉は、〈生活世界〉を豊かにするための手段であったが、〈システム〉が広がって生活が空洞化すると、〈生活世界〉が〈システム〉に規定されるようになる、という。主従の転倒が起こる。

私の住む埼玉はまさにほぼ全県が「郊外」。かつて、旧住民など顔見知りしかいない世界では、焚き火は普通だった。顔見知りではない人が増えていくと、住民は役所に苦情を入れるようになり、焚き火は禁止になった。まさに〈システム〉の世界、規則、マニュアルの世界が広がってきた半世紀ということができる。

あるいは、〈システム〉のおかげで、私たちは、自分で焚き火をするかわりに、24時間コンビニでも焼き芋を買うことができるようになったとも言える。

コミュニケーションをしなくてもいつでも自由にものが買えるのは、悪いことではもちろんない。しかし生活のすべてを、そうしてしまうことで、さまざまな問題が生まれてきた。〈システム〉は、「私もまた入れ替え可能である」という不安感・孤立感をもたらした。

労働者は、自分で仕事の内容や価値を決めることができず、マニュアルから逸脱することを許されない。結果、「お客様を怒らせてはいけない」時間を毎日過ごすことになり、だからこそ消費者としてふるまうときは王様になってしまう。保護者の「先生、仕事でしょ？　プロでしょ〈やってくれないんですか？となりの施設ではやってくれますよ〉」ということばはそこから生まれている。

『モモ』では、大人たちは、灰色の男たちに「時間を貯蓄すれば、利子がつく」とそそのかされて時間の節約＝時間貯蓄の契約をする。

例えば、床屋のフージー氏は、それまで毎日の暮らしの中でだいじにしてきた次のような行為をやめて、その時間を「貯蓄」する。

耳の聞こえない母親とおしゃべりをしたりすること。

映画に行ったり、合唱団の練習に出たりすること。

呑み屋にいったり、友達と会ったりすること。

足のわるい娘に花をもって訪ねること。

「一日のことをゆっくりと思い返す」こと。


遊ぶとは、何か他の目的をもたず、そのこと自体をしたいからしている状態のことを指す。その意味で、フージー氏が失くしたのは、遊ぶことそのものといえる。

物語で、灰色の男たちにささやかれ、「時間貯蓄家」になった大人が多数派を占めるまちでは、子どもたちは〈子どもの家〉という専門施設に収容される。
> 道路や緑地その他のところで遊ぶことは厳禁になりました。そういうところを見つかったりすると、たちどころに近くの〈子どもの家〉に連れて行かれてしまいます。(中略)(そこでは)なにかじぶんで遊びを工夫することなど、もちろん許されるはずもありません。遊びをきめるのは、監督の大人で、しかもその遊びときたら、なにか役に立つことをおぼえさせるためのものばかりです。こうして子どもたちは、ほかのあることを忘れてゆきました。ほかのあること、つまりそれは、たのしいと思うこと、むちゅうになること、**夢見ること**です
>
> (『モモ』)

灰色の男たちの意図を知った主人公のモモは、時間を取り戻そうと友達を訪ねてまわる。

灰色の男たちは、モモにじゃまをされまいと、「ビビガール」という「完全無欠の人形」をモモに与える。

「これでもう友達なんていなくて大丈夫だろう?」と。
「つぎからつぎへといろんなものを買ってくれば、たいくつしないですむんだ」
と、たくさんのおもちゃをモモに差し出し、諭す。

人生でだいじなことはひとつしかない。それは何かに成功すること(中略)、たくさんのものを手に入れることだ。ほかの人より成功し、えらくなり、金持ちになった人間には、そのほかのもの——友情だの、愛だの、名誉だのそんなものはなにもかも、ひとりでに集まってくるものだ (同)

時間を一生懸命節約して、効率的に働いて、お金を稼いで、子どもに投資をして、忙しい忙しいといってる私たちの暮らし(そうして疲れたり、壊れたりしたら、専門職にお金を出して、お願いして、話を聴いてもらう暮らし)。

物語のなかでは、大人たちは、灰色の男と会ったことを思い出せないようになっている。自発的にそうしていると思い込んでいる。まさに物語の世界がそのまま21世紀の日本社会で現実になっているとはいえないだろうか。

単純に、かつての世界が良かったといっているのではない。かつての顔の見える人だけの世界(共同体)は、排他的で家父長的な世界でもあった。まず貧しさから脱すること、そして、この息苦しさから脱するため、人々は都市に出た。お金を稼ぎ、稼いだお金で様々なものを買うことを選んだ。そして郊外を形成し、誰もが会話を必要としない便利な暮らしをつくっていった。

いま、「郊外型の暮らし」は、地理的に郊外とよばれる地域だけではなく、全国的に広がった。子ども、主婦、障害者、高齢者とそれぞれ、専門の施設やサービスのもとにおかれ、それぞれ時間単位の効率性を求められる世界＝サービス産業の対象になった。

そこでは、隙間＝〈あそび〉が許容されない。〈あそび〉のないところ、すなわちルールとマニュアルに支配される世界では、遊びは発生しない。

床屋のフージー氏が失ったのは、日々を丁寧に生きること、楽しむことであり、「ありがとう」ということばや自分を待っていてくれる人との豊かなかかわりだ。

モモは、灰色の男たちについて、こう言っている。

話す声は聞こえるし、ことばは聞こえるのですが、話すひとの心は聞こえてこない　（同）

禁止の看板、「先生、プロでしょ」ということば、杓子定規な「ルールですから」という施設職員のことば……これらはみな関係をつくろうとするやりとりではなく、切っていくためのことばだ。いずれも「話すひとの心は聞こえてこない」。友達になるためのことばではない。

『モモ』（岩波書店）

では、こんな厳しい状況の中で、どんなふうにこの状況に穴をあけ、風を通し、ワクワクやドキドキの時間をつくっていくことができるだろうか。

次章では、その一つの方法として、ささやかながら私自身が仲間と取り組んできた、「焚き火を囲む時間」を紹介したい。

図書館で育つもの

武雄市図書館訪問メモ

先日、佐賀県の武雄市図書館に立ち寄った。館内は大きな天窓と広い吹き抜けで開放的な雰囲気。玄関からすぐのところには、最新の雑誌が平積みされたスペースが広がる。そこに、コーヒーのいい匂いが漂う。

図書館は2000年に開館、昨年春にレンタルビデオ店『TSUTAYA』などを運営する企業（CCC）が市の委託を受けて運営をはじめた。図書館のイメージを一新したと大きな話題となり、全国の自治体の職員や首長、議員の視察が毎日のように押し寄せている。

平積みにされた雑誌や文庫、新刊は「売り物」。コーヒーはスターバックス。新刊雑誌などはすべて、無料で立ち読みならぬ「座り読み」ができる。訪ねた日も、女性たちが新刊のファッション雑誌をテーブルに積んで、おしゃべりしながらコーヒーを飲んでいた。

最新の検索機能をもった端末が館内にいくつもあり、本が館内の貸本、売り本のどの棚にあるかわかる。買う場合も借りる場合も、専用機を使って自分で「Tカード」で決済する。

改装前と比べると、蔵書の貸出件数は2倍、来館者数は3倍に増加。視察の受け入れ条件は、

5名以上で必ず武雄温泉に宿泊することとなっていて、地元経済にも貢献。「大成功」である。

私の印象は「『TSUTAYA』にいったら、あれ、奥が図書館なんだ」という感じ。貸本と売り本の棚が隣り合っていてとまどう。スタバのある場所は、委託前は子どもの本のひろばだった。郷土資料の展示コーナーだった場所はレンタルビデオに。地元の中学校では、「お店だから」を理由に学校帰りに図書館に立ち寄ることを生徒に禁じている【*1】。

図書館とは、公共とは何か……頭の中も気持ちもくらくらしたまま「お店」をあとにした。帰りの電車で、ある絵本(『道はみんなのもの』さ・え・ら書房)を思い出した。

南米北部の国ベネズエラの首都カラカス。町をとりかこむ山の斜面に粗末な家が林立し、子どもたちの遊び場もなくなった。道で遊んでいると大人たちから怒鳴られる。そこで子どもたちは、ゴミ捨て場になっている土地に、子ども用の公園をつくってくれるよう、役所に願い出ることを思いつく。役所について来てほしいと大人に頼むが、誰も相手にしてくれない。みんなしょんぼり。

その時、町の図書館員さんが、子どもたちの話を聞き、館内でみんなが相談する場所を提供してくれた。子どもたちは、どんな公園がほしいかをまとめ、横断幕をつくり市役所へ向かう。そこから物語は大きく展開。政治家の裏切りなどにもめげず、自分たちで動いていく。

その姿を見た大人たちも動き、まちの人みんなで遊び場をつくるというお話。実話に基づいて描かれ、13カ国で翻訳されているそうだ。

この20年、暮らしのあらゆる場面でサービス産業化（住民のお客様化）がすすんだ。武雄の図書館はその象徴だろう（運営するCCC社の経営理念は「顧客の人生を豊かにすること」だそうだ）。「お客様扱い」とは、利用者・住民は、その場をつくる当事者（責任者）ではないことを意味する。「お客のご意見」は、運営者に都合が良いと「ニーズ」、悪いと「クレーム」として処理される。

では、そういう場で育つ子はどんな人になっていくだろうか。カラカスの図書館は、子どもたちに安心と勇気を与えた。子どもたちは試行錯誤しながら、他者とつながり、自ら社会をつくりだすおもしろさと可能性を学んでいった。武雄の図書館は子どもたちにどんな「豊かさ」を提供するのだろう。

他者と共に学び、問題を解決していく、誰が運営しようと図書館はそんな文化／人の関係をつむぐ場であってほしいと願うのは、もはや切ない願いなのだろうか。

半年ほど前、娘の通う小学校に、おやじの会をつくった。お父さんたちと小屋にペンキをぬったり、七輪で100人以上の子どもたちとべっこう飴をつくったりした。運動会も去年まではフェンス際でぼーっとしている時間も長かったが、今年はおやじの会で地元のゆるキャラを借りて、交代で入って汗を流し、大笑いしながら過ごした。先生たちとも話すようになって、

【＊1】 中学生の立ち寄りは、その後、カフェスペースなどを除いて一部「解禁」された。

学校がぐっと身近なものになった。パパ友も知ってる子も増えた。

施設はかかわればかかわるほど、自分にとってのだいじな場所になっていく。そのことを改めて実感している。お客さんでいるなんてもったいない。

一緒に遊ぼう！　と自分を待っていてくれる人がたくさんいる。そのこと以上の豊かさって、そうはないよなあと思いつつ、来週のヤキイモの準備をしている。

（２０１４年２月　記）

第2章

焚き火の風景

第2章では、保育所や学校の保護者として12年間続けてきた「おとうさんのヤキイモタイムキャンペーン」などの活動を通じて、私自身が学んできたことを記す。

どうしたら、サービスの提供者/利用者という立場を超えて、参加者が「お客さん」にならず、当事者として一緒に場をつくっていくことができるのか、そのコミュニケーションのポイントを探った。

緊張する社会の中で、肩の力をゆるめ、自然に人が交わっていくための環境づくり、働きかけとはどのようなものかについて、経験の中から考察した。

1 「大人になってからの友達っていいもんですね」

おとうさんのヤキイモタイム

埼玉県南部のあるまちの住宅街の公園。土曜日の朝、数名の子連れの若いお父さんたちが公園でうろうろ。月曜日から金曜日まで仕事で午前様なのか、二日酔いなのか、身体をひきずりながら小さな子どものおつきあい、という様子。

「土日ぐらい子どもの面倒みてよ」

「掃除するから公園に連れていって」

といわれ、子どもと公園へ。

すべり台3分、ブランコ3分、砂場10分……あとはなにをしてよいやら……。はじめて会ったお父さん同士で、話をするわけでもなく、一定の距離をおいて、スマホをみている所在なげな姿……。あ、子どもが他の子のおもちゃを取ってしまった。「スミマセン、スミマセン(早く帰りたい……)」。

同じまちの子どもの保育園の夏祭り。太鼓をたたく園児を見ながら、園庭のはじっこのほうに並んで立っているお父さんたち。行事の時ぐらいしか保育園に来ることはないので、妻以外話しかけられる人もいない。しかたがないので、カメラで自分の子どもだけを追う……。「つまらない」と顔に書いである……。これもまたしばしば目にする地域での父親の姿である。

ワークライフバランスや子育て支援といわれるようになって10年ほどになる。「父親も子育てを」の声は年々広がり、イクメンということばも一般化した。しかし、長時間労働の職場と家庭の往復だけで、他の家族や地域とのかかかわりがもてないという実態は、なかなか変わらない。かけ声やスローガンを唱えられて、頭ではわかっていても心や体は反応しない……。


そんなお疲れのお父さんたちと地域でなにかできないか、ということで生まれたプロジェクトが、私の所属するNPO法人ハンズオン埼玉ですすめてきた「おとうさんのヤキイモタイム」キャンペーンである【＊1】。

埼玉県内の保育所や幼稚園あるいはその保護者会や小学校のPTA、おやじの会、NPOなどが開催団体となり、地域の父親を誘って焼き芋をするといういたってシンプルな事業。地域で何かしたいが、きっかけが持ちにくい子育て中の父親に、誰かとつながり子育てする楽しさを味わってもらいたいというのが目的。

毎年、秋になると父親の地域での仲間づくりのために焼き芋を開催しようという団体・人を募集する。開催したいという団体には、地元の生活協同組合からのご寄付で、1カ所あたり10キロのお芋を各開催地に応援として贈っている。

【＊1】　おとうさんのヤキイモタイム　http://yakiimotime.com/

2004年から始まったヤキイモタイム

開催の条件は、①父親に呼び掛けをするか、父親自身が企画すること、②地域の方がオープンに誰でも参加できる形にすることの2つだけ。毎年夏の終わりに県内各地の施設に開催の募集をし、開催者との調整やサポートをしつつ、一方で、キャンペーンとしてマスコミのみなさんの力をおかりして、広報をすすめてきた。

冒頭の子どもと公園をウロウロする父親は実は私自身の姿でもあった。

子どもが生まれて、休日、小さな子とどういう風に時間を過ごしてよいのかが、正直まったくわからなかった。子どもの頃、日常的に親と遊んだ記憶はなかった。働いている親の姿しかなかった。私の中では親は子どもと遊ばないものだった。お盆や正月にかるたやトランプをしてもらったことが楽しかったぐらい。ましてや幼児期の記憶はなく、いったい他の人はどうしているのだろう？　と疑問だった。

そこで、２００５年の春。男の子育てについて、関心のありそうな友人の父親たちに声をかけて、仕事帰りに集まってもらい、何度か座談会（途中から飲み会）をひらいた。まだイクメンということばもなく、いわゆる「子育てひろば」もほとんどない時代で、乳児と親がぶらっといける場所はなかった頃で、父親同士があつまること自体がたいへんめずらしいことだった。

しかし話してみると、これがたいへんおもしろく、子育てにかかわりたいと思っている父親の本音、それどころではない会社の状況など、みんないろんな悩みを抱えて暮らしてることがわかった。毎回、深夜まで話はつきなかった。話をしていくうちに、私自身がとても元気になれた。少し大げさに言えば、子どもをもってよかったと思えた。そして、こういう体験を多くの人ができるようにするにはどうしたらいいかと、みなで話し合っていた。

当時、ようやく国が本格的に子育て支援に腰をあげた時期で、私が暮らす埼玉県も「次世代育成支援行動計画」を策定し、地域での子育て支援が動き出していた。その計画の中で父親の地域での子育て支援がうたわれており、NPOに対して県の委託事業の企画公募があった。そこで、何かできないか、ということで、またみんなで集まってあれこれ相談した。

「シンポジウムもいいんだけれど、そういうところに来る人は、決まった人ばかりになるよね」、「あ、育休とった人とか、研究している学者さんと首長がしゃべるやつですね〜」「フツーのお父さんからは遠いよね」などという話もでて、何かよいアイデアがないか、ということで「ああでもない、こうでもない」と議論した末に最終的にたどりついたのが「ヤキイモタイム」だった。

実は、この話が出る前年、私は地元の保育園の保護者の数名の父親たちと近所の畑を借りていた。

しかし誰も農業を経験したことがなく、「畑といえば芋かな?」という安易な発想だけで、さつま芋を植えてみた。すると、秋に「あ、芋ができた!」と驚き、皆で芋掘りをした。芋といえば、ヤキイモか、ということで、近所の屋敷林から枝を拾ってきてその場で小さなヤキイモをした。煙の中で子どもたちは土をこねたり穴をほったり火に枝を投げ入れたりと、とても楽しそうだった。そして、意外なことに、私たち親も、保育園や仕事のことなど火を囲みながらいろんな話をすることができた。そのゆっくりした時の流れに、「ああ、こんな時間もあるのか」と驚いた。育った場所も、仕事も、まったく違う人たちが、たまたま同じ地域に住んで、出会い、一緒に時を過ごしている。ほんとうにうれしかった。

火を見て、お芋を食べて、ほっとする時間をつくれば、みな自然に仲良くなれるかも……。

これなら、シンポジウムには決して足が向かないお父さんたちも参加することができるだろう! ということで、キャンペーン名を「おとうさんのヤキイモタイム」と決定して動きだした。焼き芋そのものだけでなく、その「時間《タイム》」を楽しんでもらいたいという願いをこめた。そして、埼玉県に提案し、採択。「埼玉県公認」の焚き火の時間だ。

さっそく県内のあちこちの団体や施設にヤキイモタイムを開催してもらおう! とよびかけた。初年度は32の団体・施設が手をあげてくれた。地元紙は一面で紹介してくれ、テレビの取材も入った。その後年々活動をひろげ、いまでは毎年秋から冬にかけて県内100カ所以上でおこなわれ、延べ1万7千人人以上の方が火を囲んでいる【*2】。

開催地からは、さまざまな「タイム」の報告をいただく。

なんとか公園で実施する許可を市の方にいただき、実施にこぎつけることができました。初顔合わせのお父さんたちもいましたので、最初はあまり打ち解けてなかった様子でしたが、それでも、子ども達を前にあーだ、こーだと騒いでいながら次第に仲良くなっていく姿が印象的でした。また、公園で遊んでいた子ども達にも手伝いをしたらヤキイモあげるよ～と誘ってみました。みんな大喜びで手伝ってくれました。通りがかりの家族やおばあちゃんにも、ヤキイモ食べませんかと声をかけたり、たわいない話をしたりしました。本当は、こういった風景が日常的にあるのが好ましいのかなと感じた一日でした。

（小学校のおやじの会／S市）

初めは仲の良い保護者同士が固まっていたが、火を起こし種火を譲り合う事で、相互の関係ができていきました。自分の子以外の子どもとコミュニケーションを取りながら(時にアドバイスし、時に叱り、じゃれあいながら)火を見守るお父さん達の姿が、微笑ましかったです。また、突然の通り雨と雹《ひょう》が降ってきて大騒ぎになりましたが、その場にいた全員が協力して撤収作業をした。そのおかげか急に一体感が生まれ、その後の会話がとても弾んでいました。

（放課後児童クラブ／H市）

私が各地の会場をまわって一番印象にのこっているのは、火遊びをするお父さんを見る子どもたち

【＊2】　2005年から2010年までは埼玉県の次世代育成事業として実施し、それ以降は、生活協同組合パルシステム埼玉や一般社団法人埼玉県労働者福祉協議会などの協力を得て、開催してきた。

のうれしそうな顔だ。「たくましいお父さん」というよりは、いつもと違うパパの顔が、子どもにはうれしいようで、父親たちのまわりで遊ぶ子どもたちは、本当にいい笑顔を見せてくれる。

さて、このキャンペーンをはじめてから、よく聞かれた質問が「お父さんたちはそれで会話がはずんだのか？」というもの。答えは、「いや、それほどでも……」。でも気にする必要はない。焚き火のよいところは、火を囲んでいれば、無理に話をしなくても間《ま》が持つということなのである。

そもそも会話といっても、子育てや地域のことなど、共通にもてる話題もなかなか見つけにくい。しかし、作業や遊びなら、時間や場所を「ともにする」ことができる。計画通りにいかず、ハプニングなどが起これればなおよし。一気に仲良くなれるチャンス。「突然の通り雨と雹《ひょう》」に大騒ぎしたことで、一体感が生まれたのは単なる偶然ではない。

だいじなことは、「何かを一緒にした」という感覚を共有することなのだと思う。

自分の子ども以外の子どもと遊ぶことで、父親たちは少しずつ「まちのおじさん」になっていく。家と仕事場の往復だけでは、どのまちに住んでいても同じだ。しかし、家族以外の知り合いができた時、はじめて「このまちの人としての自分」を発見する。スーパーで子どもたちに会うと、「あ、○○ちゃんのお父さん！今度はいつヤキイモするの？」などといいながら走ってきてくれたりする。

私が小さいときから知っている子も、いま中学生や高校生になっている。まちで生意気に友達と連れ立って歩いていても、目があうと、「おっ」と反応してくれる。一瞬、小さな頃の表情に戻る。それがうれしい。

そして、ヤキイモタイムの翌日、保育所で会ったお父さんの「昨日はどうも～」という笑顔、「またなんかしましょうね」という顔は、もう先週の顔とは違っている。

「なかなか仕事以外の友達をつくるのは難しい。学生時代以来です」というお父さんにもしばしば出会ってきた。

ヤキイモで知り合ったお父さんの次の一言が今もわすれられない。

「西川さん、大人になってからの友達っていいもんですね」

冬の青空の下で焚き火を囲む

2

「あ、所長ってこういう人だったんだ」

煙の向こうに見えるもの

「人の柄」を知り合うこと

ヤキイモタイムという小さなキャンペーンを通じて、私たちが何を課題だと思い、何を目指してきたのか、いくつかのエピソードを元に振り返ってみたい。

▼エピソード1

火をみながらTちゃんのお父さんAさんと。

私「すごい包丁さばき〜！　仕事なにしてらっしゃるんですか？」

Aさん「モツ煮込みの店をやってるんですよ」

私「へー、今度、お店にいってもいいですか？」

Aさん「おお、ぜひぜひいらしてくださいよ」

近年、保育所や幼稚園、学校では「個人情報保護法」の誤解もあり、互いの家族や仕事について聞くことすらはばかられるようになってきている。先生（保育者）ももちろん教えてくれない。こういう機会があって、はじめて互いのことを知ることができる。

ベテランの保育者や古参の保護者に聞くと、以前は力のある保育者は、まわりの支援が必要な親子に対しては、別の信頼できる保護者にそれとなく事情（いまでは個人情報といわれるもの）を伝え、さりげなく互いに助け合える関係をつくろうとしたそうだ。しかし、近年では、関係をつくることの意味をそもそも保育者の間で共有することが難しかったり、また、「個人情報の流出」と言われた場合のリスクを考えると、何もいえない、という。

娘が保育園のころ、クラスの壁に連絡用のポケットがあった。ある日突然「これを廃止して、個別の袋にする」と園から言われた。私は強く反対した。壁ポケットが果たしていた役割があったからだ。誰が既に「お迎え」が来ているかすぐにわかった。誰かが長期に休むと、「お便り」や印刷物がポケットにたまる。自然に「あれ○○ちゃん、どうしたの？」という会話が生まれた。「あ、なんか何日か体調くずして休んでて、いまおばあちゃん家に行ってるみたいよ」などなど。「うーん、ちょっと」と先生が言い淀むような時は、（なんか事情があったのかな）とそれ以上はつっこまずにすます。

「そこに今日きていない人もメンバー」。そのことを自然に意識できるのが、壁のポケットだった。廃止に反対したのはそういう理由だった。そういう保護者同士の気持ちのやりとりを、園はだいじにしないのかとくやしかった。「他の人のことは気にしないでいい」というメッセージになっているような気がした。ポケットやめるなら、何かそれにかわる提案がほしかった。

ここは自分のことを話しても受け止めてくれる場所だよ、と思えたら、人はおちついて他者の声にも耳を傾けることもできる。いま、それを許さない緊張感が保育所だけではなく、社会全体に広がっているのではないだろうか。

「自己開示」に強い緊張を伴う状況だからこそ、気づいたら交わっていた、というしかけが必要だった。

▼エピソード2

先生「すみません。Bちゃんがたまたまちゃんにぶつかっちゃって、Aちゃんがケガしちゃったんですよ。ちょっとたんこぶできちゃって」

Bちゃんパパ「そうでしたか〜、じゃあ連絡しておきますね。すみませんでしたね（Aちゃんでよかった〜）」

Aちゃんのママ「ああ、Bちゃんですか。しかたないですよね、お互い様ですから気にしないでください」

実はAちゃんの親と、Bちゃんの親はヤキイモを通じて知り合った。小さなトラブルでも、知らない親同士だと両者にかなり緊張が走る。しかし、保護者があらかじめ関係をもっていれば、過度に緊張する必要はない。

「ごめんなさい」「いえいえ、お互いさまですから」と言える関係があれば、子どもの起こすさまざまなトラブルを許容していける。

子どものケンカを子どものケンカとしてすませられたのは、大人たちが普段の暮らしで顔をあわせ、一声かけあう関係をもっているからなのである。

保護者は問題を施設側になげ、「加害者は誰だ、どっちの責任だ」とか「保育者がよく見てないからだ」とか言ってしまう。施設側はそうなってしまうのが恐いので、「誰がやったかは教えません。園の責任ですから」と保護者に言い、結果、少しでもアブナイことは一切禁止！　となってしまう。

子どもが人として育っていくというのは、子どもたちがトラブルを起こした時に、そのトラブルを自分たちの力で解決することができるようになっていく、ということのはずだが、そのための機会を私たちはもはや保障できなくなっている。「待て」なくなっている。その結果、子どもを預かる人の仕事が、四六時中、子どもの行動を見張り、いちいち禁止することになってしまう。

そもそも人がつきあえば迷惑をかける。その迷惑をかけあうことができる関係、許しあえる関係、何かあっても、すぐに切れてしまうわけではないという関係があれば、過度に緊張する必要がない。「ごめんね」ですむのか、「事件」になるかは、「その前」の関係性で決まる。「事件」から出会わなくてすむように、事件だけでつきあうのではなく、トータルにさまざまな場面を共有しておくことが、ポイントになる。ことが起こってから、はじめて話をするというのは、互いに高い緊張感をともなう。気持ちの〈あそび〉がないままにやりとりをするから、とてもこじれやすい。

そのこじれが怖くて、小さなことでは園側は親に報告しない。しかし、小さな不満も貯まってくると、こらえきれずやはり最後は、緊張しつつ「苦情」の電話をすることになる。

たとえていえば、糸がつながっていて、普段は垂れている状態が必要だ。なにか問題があったときや困ったときにピンと張り、解決すればまた垂れる、この糸は、楽しい体験を重ねたり、小さなトラブルを解決していく中で太くなる。つねに糸がピンとはっているか、または、つながっていないかのどちらかの場合、小さなトラブルを吸収する「バッファ」すなわち〈あそび〉がない。ことがおこる前に、どんな糸をつないでおけるか、なのだ。

子育て支援とは、一般に託児などのサービスを意味することが多いが、その本質はさまざまなかかわりを通じて、大人同士の関係性をゆっくりと育てていくことである。それは同時に、子どもが（自分の力で）育つ環境づくり＝「子育ち支援」になる。大人が子どもを「育てる」ではなく、大人の暮らし方を変えるその支援をすることによって、気がついたら子どもが「育っていた」という状態、「一人で、一人の子どもを見ている」から、「複数で複数の子どもを見ている」状態に「気がついたら、なっていた」。という結果を目指すことなのではないだろうか。

▼エピソード3「あっ、所長って、こういう人だったんだ」

ヤキイモタイムをはじめて2年目のこと。わが娘の保育所でも、と思い、所長に声をかけた。即答で「保育所では無理」。

「はじめに」で書いた死亡事故の影響で、実は、その年の春から市の事務職員が所長として配置されていた。保育の専門家でもなく、おむつもかえられない「事務のおじさん」が突然「所長」になったということで、職員もとまどい、保護者の評判もよいとはいえない状態だった。やっぱり無理か、と地元開催をあきらめかけたのだが、意外なことにその所長が「保育所では無理だけど、うちの自宅のとなりの空き地でできると思うよ」と声をかけてくれた。

ていた。

1月のはじめの日曜日。低気圧の発達で猛烈な北風がふきつけ

開催をあやぶみつつ現地にいくと、所長が近所の農家に声をかけて、トタンとクイをもってきて、大きな風よけをたてはじめた。さらに、焚き火に使う廃材も落ち葉も、一緒にもらいにいったりしてくれた。集まってきた保護者は、長靴で作業着を着てあれこれ気をつかって、こまごま働く所長の姿にびっくり。「実はいい人？」「意外！」との声。強い北風にふかれながら、所長も含めてみんなで身をよせて焚き火にあたった。風は冷たいけど、火のまわりにはあたたかい空気ができた。

「先生」「所長」「保護者」である前に、どんな人なのか、その「人の柄」を知り合う機会が不足しているのではないか。人として見れば、得意なこと、不得意なことがあるのはあたりまえ。「あの先生は、口は下手で親への説明もうまくないけど、子どもたちのことほんとによく見てるよ」などという会話が、保護者の間でかわされたら、園の雰囲気はもっとあたたかいものになるはずだ。

強風にあおられながら「おいしいねえ」とヤキイモを食べる所長と父親たちを見ながら、①まず人として出会えること、②その

強い北風の中、トタンをたててあたたまる

次に、立場がくる、そんな順番で出会えれば、もっとやわらかい関係ができるのではないか……そんなことを考えた思い出深い一日になった。

ともに食べることの意味

「『先生はプロでしょ』『先生は仕事でしょ』って言われるときが一番つらいです」

保育者の方と話しているとしばしば聞くことばだ。「たしかにプロではあるし、これで食べているのだけれど、その言い方が、とてもつらいんですよね」と。面とむかっては保護者に反論しないが、「そうはいうけど、最近の保護者だってと言いたくなる」。

こうして「立場」を、詰めていくと、互いに「監視」し、落ち度を指摘するということになりがちである。もちろん一度のイベントで人のつながりができるはずはない。たかがヤキイモである。しかし、もはや人為的にでもきっかけをつくらなければ、人は孤立した暮らしや「孤育て」から脱却することはできないのではないだろうか。「先生」「所長」「保護者」である前に一人の人として出会いたい。そして、そう気付く場面をつくるしかない。そうするとそこに〈あそび〉(＝ゆるみ・人がつながるのりしろ)が生まれる。

少し長くなるが、霊長類研究の第一人者で、京都大学の学長・山極寿一《やまぎわじゅいち》さんのことばを引用したい。

けんかの種となるような食物を分け合い、仲良く向かい合って食べるなんて、サルから見たらとんでもない行為である。なぜこんなことに人間はわざわざ時間をかけるのだろうか。それは、相手とじ

つくり向かい合い、気持ちを通じ合わせながら信頼関係を築くためであると私は思う。相手と競合しそうな食物をあえて間に置き、けんかをせずに平和な関係であることを前提にして、食べる行為を同調させることが大切なのだ。同じ物をいっしょに食べることによって、ともに生きようとする実感がわいてくる。それが信頼する気持ち、共に歩もうとする気持ちを生み出すのだと思う。

ところが、前述した近年の技術はこの人間的な食事の時間を短縮させ、個食を増加させて社会関係の構築を妨げているように見える。自分の好きなものを、好きな時間と場所で、好きなように食べるには、むしろ相手がいない方がいい。そう考える人が増えているのではないだろうか。

でも、それは私たちがこれまで食事によって育ててきた共感能力や連帯能力を低下させる。個人の利益だけを追求する気持ちが強まり、仲間と同調し、仲間のために何かしてあげたいという心が弱くなる。勝ち負けが気になり、勝ち組に乗ろうとする傾向が強まって、自分に都合のいい仲間を求めるようになる。つまり、現代の私たちはサルの社会に似た個人主義の閉鎖的な社会を作ろうとしているように見えるのだ。

（「時代の風：サル化する人間社会」　毎日新聞　２０１４年８月３日）

たしかに、ヤキイモタイムでも、焼き芋を食べる前と、食べたあとでは、同じ人の集まりとは思えないほど空気が違う。緊張が一気にゆるむ。人の気持の扉がいつのまにか、少し開いていると感じることが多い。

人は食べているときは笑顔になれる。おいしい、うれしい、楽しいでつながれる。食べれば緩む。その気持の緩み＝〈あそび〉は、「実はうちの親さあ……」という子どもからのつぶやきにつながっていく。

満たされるのはお腹だけではない。

子育てひろばなどで、よく飲食を一切、禁止しているところがある。それぞれに事情があるのだろうが、飲食をしない、できないということは、人が出会い、つながっていくための場としては、とても大きなハンディを負うことになる。その自覚をもって、何ができるかを考えたい。

この数年、「子ども食堂」が大ブームだ。一緒に食べることを通じて、子どもの育ちを支援しようという試みが全国にひろがっている。子ども食堂は、特別な子へのサービスなのではなく、これからの「人が交わる暮らし方の提案」なのだと私は受け止めている。「子ども食堂」の名付け親で東京大田区の八百屋さんである近藤博子さんも、こう言っている。

「大事なことは、子どもが一人ぼっちで食事しなければならない孤食を防ぎ、さまざまな人たちの多様な価値観に触れながら『だんらん』を提供することだ。だから、一人暮らし高齢者の食事会に子どもが来られるようになれば、それも『こども食堂』だ」[＊3]。

火を囲み、同じものを食べ、遊ぶ。あ、こんな人だったんだ、と気付く。

そんな時間が身近なところで、誰でもが持てるといいな……そんなささやかな願いをこめて、12年間、「ヤキイモしてみませんか」と呼びかけてきた。

【＊3】 http://bylines.news.yahoo.co.jp/yuasamakoto/20160724-00060184/

3

「失敗したら、『失敗したね〜』と笑って、もう一度やれますよね！」

「一緒につくる」ことの意味

「人力遊園地」

「いくぞー、シューーーー……（屈んでためる）ドーン！」

勢いよく、子どもをもちあげる父親たち。歓声をあげる子どもたち。

ここは園庭の一角に臨時でできた『人力遊園地』。

遊園地といっても簡単なもので、『ロケット』は、「たかい、たかい」のオーバーアクション。『観覧車』は、窓をきったダンボール箱を子どもにかぶせて、子どものうしろにたって、脇から体をもって、ゆっくりともちあげながらまわす（ゆっくり、がポイント。でないと観覧車にはならない）。いたってシンプルな遊園地だ。つまり、父親たちが力任せに遊ぶコーナーだ。

「うう重い、もう肩がぼろぼろですよー」「限界、交代してくださいよー」などといいつつ、夏の蒸し暑い夕方、父親たちは大汗かきながら、次々に子どもたちを空に舞いあげる。歓声に引き寄せられ、行列をなす子どもたち。

『人力遊園地』営業中

前述のとおり、花火や屋台が禁止となり、「失業」したお父さんたち。保育所行事といっても、普段関わりの少ない父親たちは、行事に顔を出してみたものの、自分の子どもの写真をとったらあとはやることがなかった。知り合いもなく、園庭の脇のフェンス際で、ぽつんと手もちぶさたにしている……失業し、いわば「難民」化していた。

そんなお父さんたちと、みんなでできることはないかと苦し紛れにつくったのが、この遊園地だった。数名の保護者有志ではじめたが、子どもたちやお母さんたちだけでなく、また当のお父さんたちにもとても好評で、当時、この人力遊園地のために有給休暇をとってくれた父親もいたほどだ。

いろんな子どもの体をもちあげて、その重さ／軽さを体感する。小さい子の父親は、大きい子をもちあげて、数年後のわが子を想像し、大きい子の父親は、ほんの数年前のわが子の姿を思い出す。そして、持ち上げた子の母親と目をあわせて微笑む。父親は、「○○ちゃんのお父さん」から、保育所のみんなのお父さんになっていく。

ちなみに当時もうずいぶん年配のおじさんだった私は、「リクルーター」となって、園庭のはじっこ、フェンス際で「難民化」している若い父親を見つけては、「そろそろ『観覧車』の肩がこわれそうなんで、交代をお願いできますか」と声をかけてまわった。

「え、私が?」などと言いつつ、ぱっと明るく照れ笑い。よしきたっていう感じの人もいる。「私はいいです」と口でいうお父さんも、目が笑っていたら、ちょっと強引に引っ張ってみる。保護者会の役員のお母さんに浴衣姿で、お願い係をしてもらうとなおスムーズ。ついでに視察にきていた、ネクタイ姿の市職員のおにいさんにも「眺めてる場合じゃないでしょ」とやってもらう。

この「遊園地」、準備はほとんどなし。当日、身体ひとつで来て!と言えるところがよかった。

この「遊園地」を通じて、私はたくさんのことを学んだ。

人は声をかければ協力してくれること、声をかけられることを待っている人も案外多いこと、場をつくる側にまわってもらうことで場の空気全体があたたかいものにかわること、一緒に汗をかけば関係ができていくこと、関係ができれば、また何かしてみようと思えること。

「苦情」は参加への不安

その後も、保育所とやりとりをしながら、保護者でさまざまな企画をして遊んだ。毎年秋には、フリーマーケットと称して、着られなくなった服を下の子にまわす機会をつくったり、運動会に余興で、お父さんたちだけで「大きなカブ」を演じたり、着せ替え競争などなど、その日、その場にいる人で、遊びの時間をつくっていった。保育者の方々も、時には「それはちょっと」と言いつつも、私たちが好き勝手やるのをおおむね許容してくださっていた。

上の娘が年長クラスのとき、「お泊まり保育」をやった。

もともと、お泊まり保育は、市が正式に保育としては認めてくれないために長年、形式的には保護者が主催し、実際は、保育者と保護者が共同で実施してきた。

例年、昼間は親が企画し、夕方から先生にひきわたすことになっていた。

この「お泊まり保育」も、昔は保育者が6年間の総仕上げとして、子どもと親の課題として設定し、主導してきた。しかし、このころはもう、担任はじめ保育者は、積極的に意思を示すことができなくなっていた。市役所からの「指導」が年々きつくなっていったことや、保育者の高齢化、そして勤務の多忙化などもあり、そうした「余分なこと」は忌避される傾向にあった。

当時、上に兄姉がいる保護者が、「一晩泊まった朝迎えにいくとまるで違う人みたいに、しっかりした顔になってたりするんだよ」とか「宝探しや、映画とか、夜しかできないことをやって、いい思い出になるよ」など、体験にもとづいて、意義を一生懸命説明していた。それで、全員の同意を得てはじめて実施ということになるのだが、新しい保護者は、先生からはなにもことばがないことに不安を感じ、簡単に賛同できず、結果毎年議論になっていた。

この年も、親たちの間でもめていた。私は、このままほおっておいては、前にすすまなくなるからと、保護者に全員集合をお願いし、会議をひらき改めて意義を再確認し、模造紙を壁にはって、役割も、一つひとつ確認しながら、書き込んでいった。そして、昼間の企画を主に父親たちが担当することにした。

すぐにクラスの全お父さんに声をかけた。みな忙しいのはわかっていたが、平日夜に、あるお父さん宅に集まり、おにぎりを食べながら企画会議をした。背広姿で、疲労をひきずって参加のお父さんもいた。比較的シャイで、飲み会には参加しないというお父さんも参加してくれた。まともに話すのははじめてというお父さんもふくめ、ああでもないこうでもないとワイワイ話す中で、最終的に「ザリガニ取り」「スイカ割り」「ドラム缶風呂」をやってみよう、ということになった。

しかしそれからが大変だった。できた「試案」を配付すると、お母さんたちから、汚いだの、あぶないだのとたくさんのご意見をいただいた。そのたび私たちは相談し、対応策を考えていった。

意見を苦情ではなく、参加への不安ととらえて、きちんと取り込んでいくことで、むしろブラッシュアップの機会にした（仕事でクレームから商品開発につなげるようなノリもあった）。だんだんにお母さん達の納得も得られ、結局、当日は大いに協力してくれた。

当日までお父さん達はいろいろ準備に走ってくれた。ザリガニ釣りの下見も2回。ドラム缶風呂のドラム缶を内装の仕事をしているお父さんが遠くまでさがしに行ってくれたり。当日は、建築士のお父さんがすだれに大きな富士山の絵を描いてくれたりして、すっかり銭湯気分。お風呂は保育所2階のプール横、1階からしかお湯がでないので運ばなければならない。そこで登場したのが介護保険の事業所につとめるお父さんが持ってきてくれた訪問入浴用の業務用ポンプ。おかげでたっぷりのお湯が入ったドラム缶お風呂になった。製薬会社の営業マンのお父さんは、当日、湯上がりの牛乳の飲み方を指導してくれた。「はい、みんな、腰に手をあてて～」と。

当日の子どもたちの様子は言うまでもなく、ずっとニコニコだった。

このお泊り保育をめぐるやりとりで、私がとくにうれしかったのは、地元育ちでシングルファーザーのMさんが、「西川さん、明日、ザリガニとりの下見にいきましょう」と誘ってくれたことだった。いつもは何かと私がMさんを誘っていたのだが、はじめて誘ってもらった。土曜日までみっちり仕事の忙しいMさんだったので、まさか彼から誘ってもらえるとは思ってもみなかったのだった。

このお泊まり保育もまた、たくさんのことを教えてくれた。

まず、白紙からみんなで話し合って決めることで、みなが自分から動いていくということ。頼まれたからやるのではなく、自分で考えてやるということの意味。一緒に相談し作業すること。失敗のリスクをともに負うことで、驚くほど人は仲良くなれるものなのだということ。そしてなにより、やはり親たちは機会さえあれば、何かしたいとほんとうは思っているのだということ。お金にもならず、命令がなくても、何か得るものがあると気づいたら、会社よりも優先してくれることもあるということ……。

たしかに「一緒につくる」のは、手間がかかることだ。勝手にきめない＝いちいち相談するのは大変だし、へたをすると収拾がつかなくなるときもある。話をまわす技術も多少は必要。でも、そのちょっとした手間、手続き、働きかけという「投資」は、何倍もの力になってかえってくることもまた事実。

どんな場所にしていくか、話し合いながらつくっていったほうが、結局は、みんなの心が踊る時間になっていく。勝手にすすめるから、やらされ気分・やらなければいけない仕事になってしまう。結局のところ「どう働きかけていくか」につきる。

こうした保育所でお父さんたちと遊びの場をつくるという経験が、のちに「おとうさんのヤキイモタイム」キャンペーンへとつながっていった。

いいヤキイモ？　悪いヤキイモ？

さて、その「おとうさんのヤキイモタイム」キャンペーンで、毎年、いくつもの現場を見せていただくと、主催者・職員の姿勢や考えによって、その場の雰囲気が異なることに気付く。

まず、「ここはあたたかくて、楽しそうで、いい感じだなあ」という現場の特徴は、

①企画の段階から参加者自身（父親・住民自身）がかかわっている
②芋、燃料など必要な食材や資材はみんなでもちよっている
③ああでもない、こうでもないといいながら、みんなが作業にかかわっている

というような場合が多い。そこに居合わせた人で、「みんなで遊んでいる」という形容があてはまる。

逆に、施設の「サービス」として、イベントを提供し、参加者（住民）を「お客さん」にしてしまっているようなときは、あまり会話がない。いわゆる公共施設とくに一部の児童館や公民館などイベントを提供することが仕事だと考える職員が主催している場合などにしばしば、見受けられる。

その特徴は、

①企画を職員だけでやっている
②準備を職員だけでやっている
③当日の作業もほとんど職員でやっている

結果、父子がきても、父子だけで、できあがったヤキイモを食べて、それで帰っていく。気がつくと誰とも知り合いになっていなかったりする。こういう雰囲気のところでは、参加者から「苦情」が来

たりもする。「うちの子お芋もらってません!」など。「こんなに一生懸命働いたのに、苦情しかいわれない」と悩む職員の方々の声を聞くこともある。

毎年ヤキイモタイムのキャンペーンをしていると児童館などの施設の方から「焼き芋はどうやってやるのですか?」と相談の電話をいただく。そんな時は「保護者の方や地域の方に相談してみてください。場所も、材木も、焼き方も、かならず知っている人がいます。それから、お父さんのボランティアさんを募って、一緒に企画してみてください。どうしたらいいかと一緒に悩むことが、一番仲良くなれますから」とお答えしている。ヤキイモという甘い食べ物を提供するイベントではない。そのイベント(準備・当日・あとかたづけ)を通じて、誰と誰がどれだけ良い関係がつくれるかなのだ。

「失敗したら、どうしたらいいんですか」と問われたこともある。「失敗したら、失敗したねと笑ってもう一度やれますよね!」とお返ししている。

また、準備は一緒にやれなくても、当日は一緒にやれることもある。

例えば、参加募集をするチラシなどで「お芋を一つもってきてください」や「焼きたいものをもってきて!」と書いておくと、かならず余分にもってきてくださる方がいる。じゃがいも、さといもを持ってきてくださる方も。りんごや、スルメ、マシュマロ、いろんなアイデアが集まると、それはもう遊びになっている。

おいもが足りなければわけ合えばいい。材木がたりなければ、探したり、家に戻ってもちよってもいい。雨が降れば、みんなであわててかたづければいい。

不思議なもので、なにかのトラブルがおこると、その瞬間、「お客さん」だった参加者は、場をつくる当事者になっていく。主催者が困るような場面は、実は、人が近づくチャンスでもある。

後遺症がのこるケガ、死亡事故などは絶対におこらないように準備する必要がある。しかし、それ以外は、実は完璧な運営よりも、ちょっと「穴」があるぐらいの企画のほうがいいのではないだろうか。「いいかげん」ならぬ「よいかげん」。

誰かによって、提供され、満たされていくと、手をだすスキマがなくなってしまう。「ヤキイモのサービス」を受けたところで仲良くなれるわけではない。

参加のスキマ、つまり〈あそび〉の部分をのこしておくと、人は他者とのかかわりをつくっていける。関係づくりに必要なのは、「あなたのために」と相手をお客さんにすることではなく、一緒に何かをつくる機会をもつことであり、一緒にやってもらえませんか、と声を掛けることなのだ。

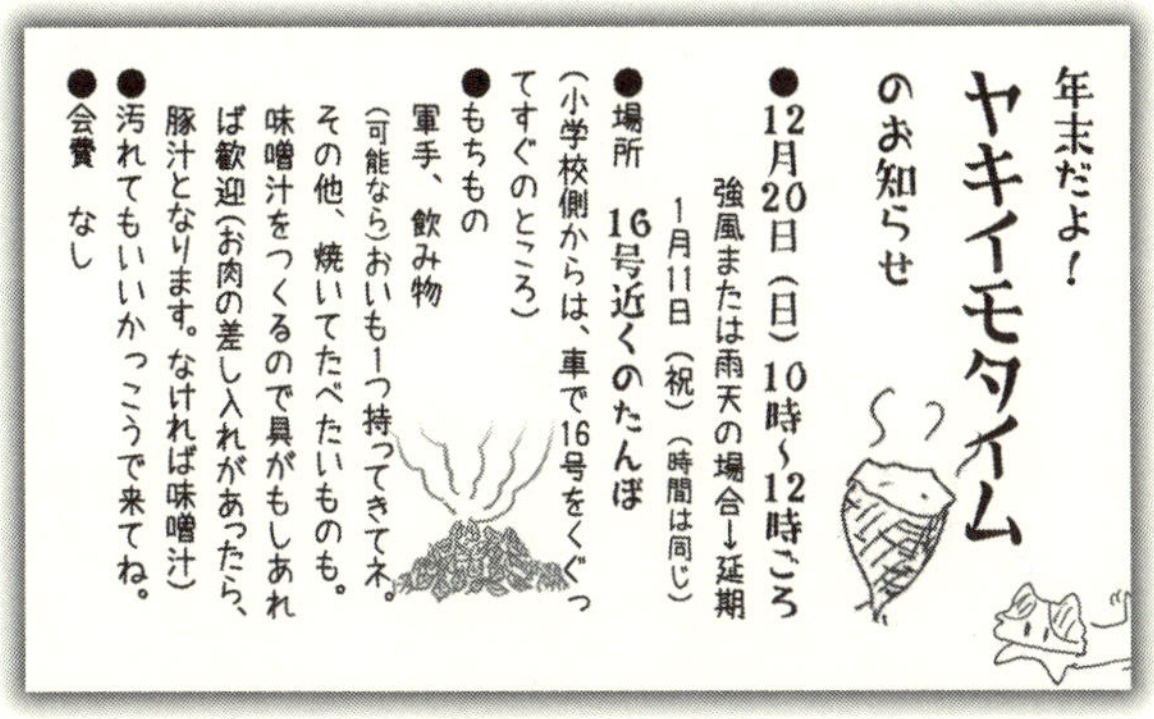

年末だよ！
ヤキイモタイム
のお知らせ
●12月20日（日）10時〜12時ごろ
強風または雨天の場合→延期
1月11日（祝）（時間は同じ）
●場所　16号近くのたんぼ
（小学校側からは、車で16号をくぐってすぐのところ）
●もちもの
軍手、飲み物
（可能なら）おいも1つ持ってきてネ。
その他、焼いてたべたいものも。
味噌汁をつくるので具がもしあれば歓迎（お肉の差し入れがあったら、豚汁となります。なければ味噌汁）
●汚れてもいいかっこうで来てね。
●会費　なし

地元の小学校のおやじの会で主催したヤキイモのチラシの一部。「差し入れ歓迎」と書いた結果、味噌汁は具だくさんのあつあつの豚汁になった。

4 「どなたかお手伝いいただけますか？」

お客さんから当事者へ

落ち葉の遊園地

ある年の秋、「おとうさんのヤキイモタイム」のスペシャル企画として、高層ビルがそびえる「さいたま新都心」にある「けやきひろば」で『落ち葉の遊園地』というイベントを開催した。

秋晴れの日曜日、十数人のお父さんや学生など数十名のボランティアさんの活躍で、落ち葉プール、サンマ焼き、ダンボールハウス、クラフト作り、みの虫になろう、などなど「ちょっとおかしな遊びの空間」が生まれ、千人もの親子の歓声がビル街にこだました。

サンマは七輪で焼く。家族であるいは居合わせた方と七輪を囲む姿は、まさに『三丁目の夕日』。慣れない手つきでうちわをあおぐパパたちと、お箸をもってまっている子どもたちの笑顔が、あちこちで見られ、実にゆるい空気が流れた。サンマの強烈な匂いがビルの街じゅうにあふれ、それがまた人を呼びこんだ。

落ち葉のプールは、直径10メートルのダンボールの枠の中に大量にそそぎこまれた落ち葉で泳ごうというもの。落ち葉は、この「けやきひろば」のけやきの落ち葉を貯めておいていただいたほか、1カ月かけて県庁、大学、施設などの清掃のおじさん・おばさんの協力を得て、集めることができた。ダンボールハウスは、ダンボールを使ってそれぞれ「家」をつくり、窓を切り抜く。中に、電球を一つずつ設置し、夕方、点灯すると「灯りのまち」になるというもの。用意したダンボールは数百枚。近所の家電量販店の日用雑貨の売り場の方に無理をいってゆずっていただいた。

実は、このイベント、参加者が来るのかどうか、見通しがまったくたたなかった。だいたい200人ぐらい来ていただけたら、大成功──ちょうど楽しいかなと私たちは考えていた。資材や食材などもそのぐらいの人数分しか準備していなかった。

ところが……ふたをあけると開園時間も待たず、受付には数百人の親子の長い行列ができた。開始してしばらくすると、数に制限があるサンマも、クラフトコーナーも長蛇の列で、すぐに品切れになってしまった。落ち葉のプールも、あっという間に「芋洗い」状態に。

この状況に私たちスタッフは大慌て。うれしい悲鳴ではあったが、「うぬ？　何かが違う」。大盛況の会場を見ながら違和感でいっぱいになった。

例えば、落ち葉のプール。子どもたちが大歓声をあげて、もぐったり投げあったりして楽しそうだ。でも親たちは、プールの周りで腕を組んで見ているか、カメラを向けているだけ。そのうちダンボールでつくったプールの枠が壊れてきても、周りの大人は見ているだけ。あるいはボランティアスタッフに「壊れていますよ」と指摘するだけ。

入場者が1000人を超えて、混乱が予想されたので、ダンボールハウスづくりの開始時間を午後に遅らせることにした。

すると、3人のお子さんを連れたある若いお母さんが怒り出した。事情を説明するも、「ダンボールハウスを目当てに来た。なぜはじめないのか」「午後は、いるかどうかわからない」「午後までどうやって間をもたせればいいのよ」と、取りつく島もない。

実はこの親子、午後に用事があるわけでもなさそうで、「何時までなら大丈夫なんですか」と聞いても、答えはなし。しばらくして、なんとか開始時刻を早め、知らせに行くと、「わたしは最初から一番に来ている。どこにいつ並べばいいのか。他の人が先にならないようにしてほしい」云々……。

このイベントは「参加者と一緒に遊ぶ」ことをめざしていた。各地のヤキイモがそうであるように、来てくれた人で場をつくろう、と。しかし人が押し寄せ、互いに「顔が見えなく」なったとたん、参加者は「お客様」となっていった。これでは、有料の遊園地と同じではないか。親が子どもを「遊ばせる」場をつくるために私たちはいろいろと準備したのだったか……。

いつものヤキイモタイムと何が違うのだろう……いろいろ考えた末、落ち葉プールの周りで見ている親たちに声をかけることに

居合わせた人同士で七輪を囲む。サンマの匂いが高層ビル街に広がる

した。誘われると「いやあ私は」と言いながら目が笑っているのを確認。よし、いける。「お父さんはプールの中に入って遊ぶことになっています（笑）」といってなかば強引に父親たちをひきこみ、子どもたちと一緒に落ち葉を浴びせた。

さらに「プール枠が壊れたら、近くの人は直してもらえますか」と声をかけると、周りの親たちが動き出してくれた。親子入り乱れての落ち葉のプール。落ち葉がダイナミックに乱れ飛んだ。

少しずつ空気が変わっていった。

夕暮れ時、「じゃあ、みんなでかたづけるよ！」と居合わせた親子に声をかけ、みんなで袋に落ち葉を入れた。「充分に遊んだ」という顔をした子どもたちは、我先にと作業を進めてくれた。その光景を見て、ようやく私は、このイベントを呼びかけてよかった、と思えるようになっていった。

一方、七輪コーナーでも緊急事態が発生していた。用意した100尾のサンマがあっという間になくなってしまっていた。行列の人数を数えて受付を打ち切っていたのだが、数え間違いでサンマが数家族分足りないという事態に。しかし結果的にはいい雰囲気になっていた。

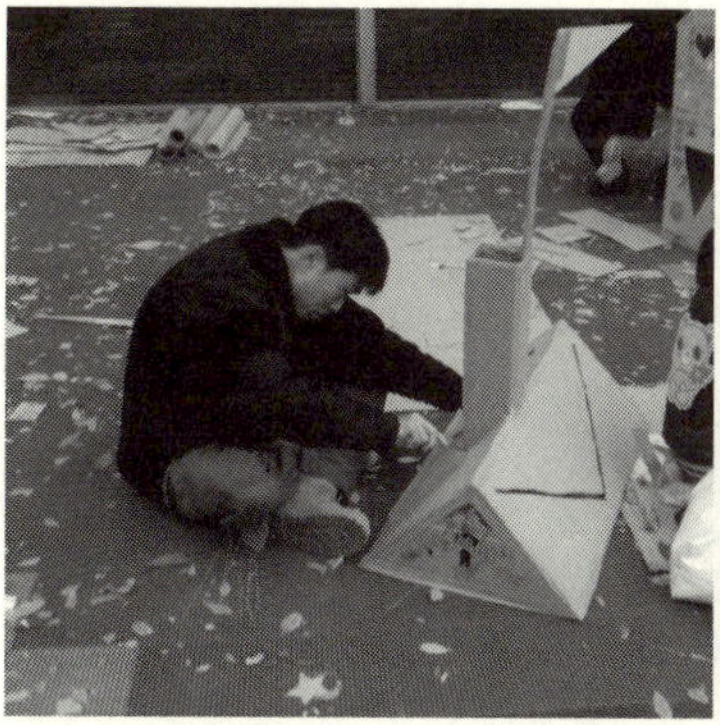

参加者と一緒にダンボールハウスを作り、落ち葉プールを修復

後日、コーナーを担当してくれたお父さんにそのわけを聞くと、「スミマセン、申し訳ないと謝りつつ困っていると、あるお母さんが『じゃウチ1匹でいいよ』と言ってくれた。『じゃあうちも！』と次々に。うひゃ～なんていい人たちなんだろ～と思った。確かに、足りないとわかったときにすぐにサンマを買いに行くことはできました。でも、あそこでサンマを買っていたら、買わないで得られたものは、おそらく得られなかったのではないでしょうかね」

ダンボールハウスもまた、担当してくれたお父さんが、主旨、危険性（刃物をつかうので）、作業の要領を一組5分ずつかけて、ていねいに説明。例のお母さんをふくめて参加者と充分なコミュニケーションをとってくれたことで、大きな混乱もなく、次々にユニークな作品ができあがっていった。

枝や葉っぱでクラフトをつくるコーナーもステキな作品が次々にできた。体にガムテープをぐるぐるまいて、落ち葉のプールに入って、みの虫になろうというコーナーも、笑いがあふれていた。

夕闇が迫るころ、すべてのかたづけを終えて、ひろばの真ん中に50個のダンボールハウスが並んだ。当日飛び入り参加のアコーディオン弾きのおじさんの音楽にあわせて点灯。さまざまな形や

落ち葉のかたづけも居合わせた人みんなで

デザインの窓があけられた個性的なハウスが集まって、幻想的な〈灯りのまち〉が現れた。

「うわー、きれい……」

スタッフと参加者の区別なく、いっせいにため息がもれた。

このイベントは、日常にあるごくありふれた素材で、居合わせた親子同士が共に楽しむ時間をつくることがテーマだった。

分け合うことができれば、足りないこともまた悪いことばかりでもないということ。一方が、してあげる、提供する、他方がそれを消費する、という関係だけではよい空気が生まれないということ……などなど多くのことを学んだ。

ふりかえって、あのお母さんの「午後までどうやって間をもたせればいいのよ」ということばが思い出された。あのことばの裏には、ひょっとしたら、一人で子どもと向き合っている彼女のはりつめた気持ちが表れていたのではないだろうか。私たちに気持ちの余裕がなかったために、それが聞こえなかったのかもしれない。いわば私たちが彼女を「お客さん扱い」していただけではないのだろうか？

「主役は誰なのか」をあらためて考えなおす一日となった。

ダンボールハウスに灯ががともる

「スタッフが掃除するのではなく」

さらに翌年、私たちは前年の経験を踏まえて、同じ場所で同じ季節に、もう一度「落ち葉の遊園地」を開催した。どうしたら、参加者が「お客さん」にならず、当事者として一緒に場をつくってもらうのかがテーマだった。

まず、入り口で、20人ずつぐらいの声がとどく範囲の人のかたまりをつくる。その方々に1分ほどの紙芝居をお父さんたちに交代で一日中、演じてもらった。

紙芝居の内容は、次のような内容。

・この場はすべて、落ち葉もダンボールも「いただきもの」で成り立っています。
・スタッフもみなボランティアです。
・スタッフが声をかけたら、ぜひご協力お願いいたします。

この場の成り立ちを説明し、協力をよびかけた。

一方、事前のボランティアスタッフミーティングでは「スタッフが掃除するのではなく、道具をわたして、一緒にやってもらうよう頼むこと。で、やってもらったら〝ありがとう〟と言うこと。それが仕事です」と徹底して伝え、具体的に、声掛けの練習として「一緒に掃除していただけませんか」などと「唱和」した。

結果は、前年に比べ、見事に苦情はなくなり、さらにあたたかい、おだやかな空気の流れる遊びの場になった。

サンマを焼く七輪の前では「相席お願いできますか」「あ、こっちにどうぞ〜」「お醤油ないんですが」「あ、ここにありますよ」。参加者同士の会話もたくさん生まれていた。

主催者側、参加者側という立場をこえて、出会った人どうしで、こんな風に場をつくることができるのか——。

この時以来、場を開くときには、イベントも研修も、手や口をだしてもらって、その場にいる方々になるべく一緒につくってもらうことをきちんと意識するようになった。

ヤキイモや落ち葉の遊園地というサービスメニューではなく、みんなでともに過ごしていると感じられる「時間《タイム》」が人々の気持ちをあたため、ゆるめていく。

いかに「お客さん」にしないか、この場をつくる当事者になってもらうか、ということが、ポイント。その場にいる人への働きかけ、いわゆる「ボランティアコーディネーション」があれば、場の雰囲気はあたたまり、人はつながっていく。

紙芝居で参加者に協力を呼びかける

5

「なんだか今日は、良い風景に出会えたなって」

「道」が「通り」に変わる時

平成のはじめのころ、私は埼玉県大宮市（現さいたま市）の小学校の学童保育のスタッフとして働いていた【129ページ参照】。

６畳４畳半３畳の狭いアパートに在籍50人以上の子どもたちがひしめきあい、晴れた日は小学校の校庭に出かけたものの、雨の日はお手上げだった。ようやく晴れて外に出ると、校庭までの１００メートルほどの生活道路にも容赦なく車が入りこみ、年に数回は危機一髪の場面があった。私たちがいくら口をすっぱくして言っても、飛び出していく子どもたちを止めることはできなかった。あの心臓が縮み上がるような「ヒヤリ」感はいまも忘れがたい。そして、これはスタッフががんばればなんとかなるというような問題ではないと感じていた。

その数年後、ドイツを訪問したときにベルリンの中心街の道路で子どもたちがイキイキと遊んでいる姿に驚いた。生活道路には段差があったり、曲線につくられたりしていて、明らかに車を邪魔者扱いしていた。日本では、路肩に段差をつけた歩道があるとき、交差点では歩道が道路の高さまで下がるが、ベルリンの生活道路では逆で、道路が盛り上がって、車が歩道をのりこえるかたちになっていた。

人が優先であることが明確だった。

いつか日本もこうしなければと、その光景を胸に刻んだ。

それから15年後、２０１０年11月、私たちはヤキイモタイムや埼玉県内でプレーパークを開催している仲間たちと、大宮駅前の商店街の道路を封鎖して、「おとうさんのらくがきタイム」というイベントを開催した。

ここでもスタッフの仕事は、「声掛け」だった。通りがかりの人と道路を遊びの場に変えていく働きかけ。


「らくがきタイム」スタッフマニュアル（抜粋）

【スタッフの役割】

①「一緒にやりましょー」と声をかける。にっこり笑ってロウセキを渡す。みんなでつくる遊び場にする。
②みずから遊んで、みんなの遊び心に火をつける。
③準備、かたづけ、などの運営のお手伝い参加者と一緒にやれることは、なるべく声をかけて一緒にやってください。参加者の仕事をつくる、または、一緒に遊びをつくるのが、スタッフの仕事です。
④安全の管理
（中略）

●声掛けは、こんな感じの会話になると思います。

「こんにちは！」

「おとうさんも一緒に描いてみませんか!」

「どちらから、いらしたんですか?」

「○○したいのですが、どなたかお手伝いいただけますか?」

「助かりました~、ありがとうございました」

「かわいいですね~」「その遊び、おもしろーい」「まぜて~」

「各地でヤキイモやってます、いらしてくださいね」　などなど

イベント前の打ち合わせでボランティアとこれからのセリフを〝唱和〟して練習した。そして迎えた日曜日午後1時、商店街の入り口で車を止めて、やってきた親子に「こんにちは」と、「ろう石」を渡す。用意したろう石は2000個以上。ある方からすべて寄付でいただいた。

さっそく道路に座りこんで描き出す子どもたち。商店街は250メートルもあるが、1時間ほどで道路はらくがきで埋めつくされた。次々に来る親子が上書きを重ね、やがて道路は真っ白に。ろう石をこすりつけると「粉」ができることに気づいた子どもたちは、粉のとりこになって、顔まで白くしてろう石と地面と格闘。近所の氷川神社の七五三参りにやってきた、きれいな服を着た子どもたちも次々に参加。

多数の学生を含む80名のボランティアスタッフは、ろう石を渡しつつ、ケンパ、ゴム段(ゴム跳び)、紙芝居、ベーゴマなど、路上系の遊びを展開してくれた。

驚いたのは、そこにたくさんの人と人のやりとりが生まれていたこと。

らくがきで道路は埋めつくされ、通りは遊びの場に

以下、スタッフの証言から。

・通りがかりのおっちゃんが突然ドングリをいっぱいくれた。
・通りがかりのおじいちゃんと女の子が車輪転がしで遊んでいた。
・お母さんがマンションだからろう石持っていけないと言ったら、子どもが「飾っとく」と言った。
・通りがかりの人がゴム段のはじっこを持ってくれた。
・ケンパの話題で盛り上がっていたら、通りすがりのおじさんも加わって遊びの話で盛り上がった。
・学生が年配のおじさんのベーゴマ回しのかっこよさに目を奪われ教えを請うていた。
・「昔は道で遊んでましたよね」と話しかけたら「そうそう人が通る時だけ、よけたりしてね」と嬉しそうに話してくれた。
・若いパパママにも「描いてみませんか?」と話しかけると、ほとんどの方が「じゃあ」といって笑顔でろう石を受けとり道路に座ってくれた。
・電車と線路を描いている父子に「お父さん『鉄っちゃん』でしょ」と話しかけると「実は……」とにっこり。
・社会人になってから、久しぶりにいろいろな人と話ができた……。

私にとっても、こんなに「人と人の敷居が低い」と感じる場は、阪神淡路大震災の救援ボランティアに参加したときに、公園で被災した人たちと焚き火を囲んだとき以来だった。

おとうさんのらくがきタイム

その日の夜、こんなメールをいただいた。

「私は、さいたま市〇〇に住む、独身の男性です。今日、メールをさせていただきたくなったのは、大宮駅東口の『おとうさんのらくがきタイム』に居合わせたからです。

　本を買おうと、自転車でいつものように北銀座通りに入りましたら、『通行止め』の車止めとボランティアの方。私はすかさず自転車から降りると『すみませんね』とにこやかにあいさつを受けました。そして北銀座通りを見たら、なんとも大規模な落書き!!　そして目をキラキラ輝かせている子どもたちと、昔子どもたちだった方々。

　そして私も昔に帰り、目をキラキラさせながら、昔はこんな風景があった

氷川神社の参道でのらくがきタイム。巨大オセロで盛り上がる（2016年、さいたま市大宮区）

通りがかりのおじさんと子どもが路上将棋で真剣勝負（2016年、さいたま市岩槻区）

よなぁ〜って、と考えていると、目の前で男の子がごろんと寝っ転がっていて。昔の子供って、外で思い切り遊びすぎて、こんな感じの風景が当たり前だったように感じるんですよ。今日のような子供たち、とってもイキイキしていましたよね。

私はどちらかと言えば、引っ込み思案の人見知りな性格なので、なかなか一歩が出ないんですが、今日は思い切って案内書（チラシ）をいただきました。突然声をかけたにもかかわらず、対応して下さった若い女性の方は、穏やかな笑顔で『よろしくお願いします』と言って、手渡してくださいました。なんだか今日は、良い風景に出会えたなって想いながら、昔を思い出して、貧乏だったけど心は豊かだったのになぁ〜って、想って、思わず涙ぐんでしまいました。こういう風景って、とっても心に栄養をくれます、今日は素敵な出会いを、ありがとうございました」

道路はかつて「通り」だった。そして人々が交わる場所だった。その「通り」を含めてまち全体が子どもの遊び場だったことを思い出してほしい、と思って企画したイベントだった。

しかし、開催してみてよくわかったのは、「通り」を必要としているのは子どもだけではなかったということ。「通り」は人と人のコミュニケーションによって生まれるということ。

社会的な問題も、人々が互いに話し、感じあえる場をつくり出してはじめて、一人ひとりの／みんなの問題になるのだと実感した一日だった。

第1章の冒頭で紹介した、『今日は約束してないから（お前とは遊ばないよ）』という子どものことば。

そんな暮らし方をどうやって変えていけばいいだろうか。

たまたまそこにいる人と、そこにあるものでつくる。遊びとは本来そのようなものだ。普段、クルマに占拠されている道路も、少し工夫すれば、遊びの場にすることができる。イギリスでは、住民が申請すれば、一定の時間、子どもの遊びのために車を停めることが比較的簡単にできるそうだ。子どもたちにとって一番必要なのは、自分のうちの前で遊べること、必要なのは、ちょっとしたらくがきをしても大丈夫という寛容さ。社会的な合意があれば、特別に設けられた「遊び場」など必要なわけではない。

いわゆる、まちづくり・地域づくりも、また同じではないだろうか。そこにいる人で、そこにあるもので、何かをつくっていく。そのプロセスこそが、遊びであり、なにかしてみようという遊び心を誰もがもてる暮らしを「活性化」と呼ぶのではないだろうか。

つくりたいのは時間の、空間の、人の関係の〈あそび〉。

それがあれば、いつでも、遊びの扉は開く。

雨宿り

もう二昔以上前のことになる。時代が平成に変わる頃、私は大学を出てすぐ、埼玉県下最大の繁華街を学区とする小さな学童保育所の指導員になった。

いわゆる父母会の共同保育による運営。毎年お金がたりなくて、毎日いろんな事件がおこって、その度に夜遅くまで、親と指導員で、ああでもないこうでもないと議論がつづく、そんな場所だった。

勤務の初日、学童近くの駐車場で、私が見ている前で、子どもが石をなげ、それが駐車していた車のフロントガラスにあたりヒビが入った。その弁償を誰がどうするかという議論になった。あるお父さんは、学童は家庭のかわりなのだから、子がやったことはその子の親が支払うべきでは、という意見だった。別のお父さんは、学童はみんなで、みんなの子を見守る場所なのだから、学童で保育中に起こったことはすべて、学童のお金で払いたいという意見だった。議論は、何カ月か続いた。

こんなふうに、いろいろな考えや経験をもった親たちが意見を出し合いながら学童を運営していく姿は新鮮だった。運営の主力を担っていたのは、飲むと学生時代のヘルメットの色の話題になったりするいわゆる団塊世代のお父さんやシングルでがんばるお母さんたちだった。お父さんたちは、子どもができて、「地域」と出会い直し、仕事やら立場やら思想やらとは関係なく、子育てをともにし、学童の運営をしていた。しんどそうな親子には声をかけ、意見の違いがあれば、時間をかけて相手の言い分を聞き、結論を急がず、なるべく勝ち負けにはしない…。後に私も、NPOで働いたり、保護者として保育所や学童の保護者会などで地域に深くかかわるようになるが、あの時のあの親たちの、学童の運営を通じて子育てを「遊ぶ」姿をいつも思い出す。

ここでいろんな家族の姿を見せてもらった。

夕方、仕事場から学童に帰ってきて、コーヒーとタバコで一服し、ひとしきりおしゃべりして「さあ、帰って夜の支度だ」と腰を上げるお母さん。仕事を続けるかどうか悩み、指導員と話し込んでいくお母さん。学童ではわがまま放題なのに、お父さんが迎えに来るとぴしっと緊張する子。昼間はこないのに夕方になってさびしくて顔を出す高学年の男の子……。

中でも印象に残っているのは1年生のAくんのお母さん。しっかりタイプの学校の先生で、Aくんにも私たち指導員にも、なにより自分に厳しいという印象で、正直私は苦手だった。でも、夫との関係に苦しんでいて、ある時から同僚の指導員と話し込むようになり、泣いている姿も何度か。親子ともにしばらく不安定な状態がつづいたが、最終的には離婚成立。私が驚いたのは、その過程でのお母さんの変化だった。別人のように表情がやわらかくなり、私に対してもやさしい眼差しに変わっていった。私のなかにあった、家族に関してのいろいろな〝しばり〟

がほどけていくような気がした。家族のありようはその都度変わっていっていい、離婚もその一つの選択肢。しんどいとき話を聴いてくれる人がいれば、自分でつくりなおしていくことができるのだと。

父母会の会長さんを務めてくださったBさんは、5年生、3年生、1年生の三姉妹を一人で育てる看護師さんで、夜勤もつとめるエネルギッシュなお母さんだった。当時、私の給料がとても低かったので、現物支給と称して晩ごはんに自宅に誘ってくださったり、母子家庭でなかなか飲みにいけない若いママに声をかけ、子どもを自宅にあずかって（正確には、長女のCちゃんたちに託して）、一緒に飲みに行けるようにしたり…。

秋も深まったある夜、子どもたちが全員帰宅し、やれやれとお茶を飲んでいると、突然ドアが開いて、Cちゃんが泣きながら駆け込んで来たことがあった。理由をいわず、ひとしきり泣いたあと、気持ちが静まったのか、水を一口飲むと、にこっと笑って、自宅に帰っていった。ひとり親家庭の長女としての気持ちの張りがあったのかもしれない。その後も、揺れる気持ちをときおり学童で出していた。

いまなら少しわかる。

あの場所が、子どもとって、親にとってどんな意味をもっていたか。

親とケンカして家を飛び出して、泣きながら駆け込んでも大丈夫な場所があるということ。

それが子どもの足でいけるところにあること。学童でなくても、学校でも、駄菓子屋さんでも、近所のおばさんのうちでもいい。大人にとっても、ちょっと気をぬいておしゃべりをしていける場所があること。ときには、ゆっくりと耳を傾けてくれる人がいること。

自分を待っていてくれる人がいるということ。

「子育て支援」とは、シンプルにこんな場所を、どの子もどの親も、家以外に、ひとつはもっているそんなまちにしていくことなのではないだろうか。

そして、そんな場所をみんなでつくること（運営）それ自体が、楽しい「遊び」になるということを、私はここで体験することができた。

その後、これまでさまざま人と出会い、いろいろな仕事や地域での活動を経験してきた。ふりかえると、この学童の親たちから学んだことを、ずっと追いかけてきた自分がいる。

家族だけで閉じた今の暮らし、子育てのありようを変えなければ、現代の親と子どもを包む緊張は解けてはいかないだろう。「自立とは、多くの人に依存することである」ということばがある（『生きる技法』安冨歩《やすとみあゆむ》著、青灯社）。この「多くの人に」がポイント。自助とか共助とか、政府にいわれるまえに、人のつながり方のありよう＝自立のイメージをもっと豊かに描き直していきたい。

（２０１２年10月　記）

第3章

遊びの生まれる風景

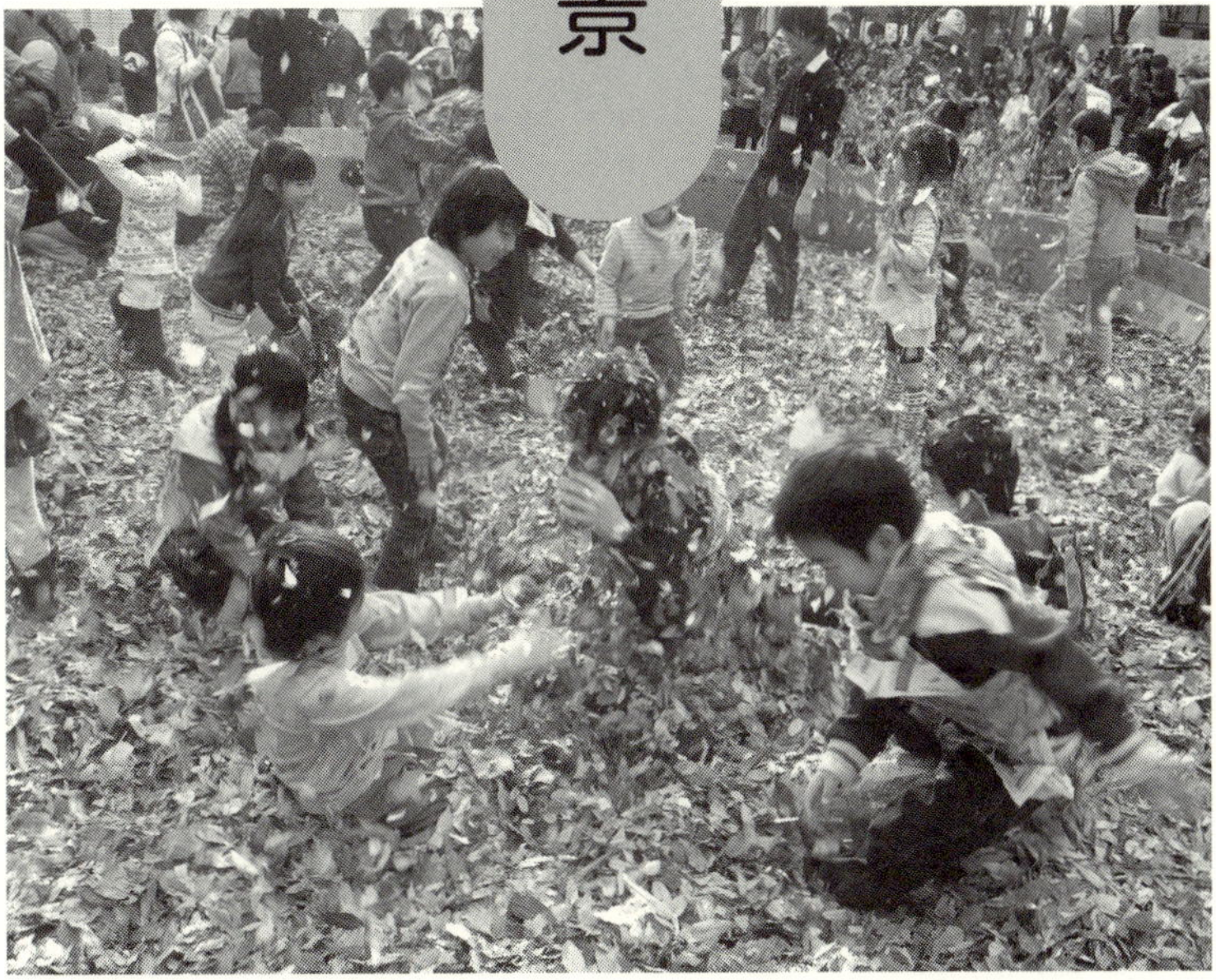

第3章では、この10年余りの間に私が出会ってきた全国各地のさまざまな「遊びの生まれる風景」を紹介する。

人と人の関係、あるいは人が集まる場は、どのようにしたらあたためていくことができるのかそのヒントを探した。

どの場所にも共通するのは、ボランタリーに集まる人々が立場を超えて対等に付き合うことをめざしていること、誰もが当事者としてそこにかかわっているということ。誰かがなにかをしてあげるというような一方的な・固定的な関係にならないように、さまざまなしかけをしていること、役割をもうけて、〃立つ瀬〃をつくっていること。ありがとうと互いに言い合えるような機会をつくっていること。もめることや気まずくなることを恐れず、対話を求め、それを学びとしていること。そして、その場所に閉じているわけではなくその場所を拠点にして人の関係をまちにひろげていること……。

寛容さをなくし、緊張の中で暮らす人々の気持ちをどうひらいていくのか、どうすれば人はひととして出会い、つながることができるのだろうか。

セミ取りの風景

北浜こども冒険ひろば（東京都品川区）

東海道の旧品川宿。古い町並みの一角に、民家に囲まれた小さな公園がある。毎日、子どもたちが、泥んこ、ずぶ濡れ、七輪、で自由に遊ぶ。ここは、「北浜こども冒険ひろば」。品川区の委託を受けて、「NPO法人ふれあいの家─おばちゃんち」が運営している。

全国で定期開催しているプレーパーク（冒険あそび場）は400以上あるが、ここの最大の特徴は、通りすがりの人がとても多いこと。実際、子どもたちが泥水で泳いでいる横を、買い物帰りのおばちゃんや、ハイヒールのOLが通り過ぎて行く。七輪を囲んでべっこう飴をつくっているそばを、お散歩のおじいさんがゆっくり眺めながらあるいていく。ときには子どもたちに声をかける。もちろん苦情も来る。

「いや、苦情も歓迎なんです」というのは、スタッフの宮里《みやさと》和則さん。

「不思議ですが、何か言ってきた人のほとんどの方とは、友だちになっていけます。オセロゲームみたいに、ひっくり返っていくのが楽しいんですよ」と宮里さんは笑う。

「火なんか使わせていいのか」と迫る人には、「やめさせようとするから隠れてやって、ぼやを起こすんです。大人と火を囲んで、火の扱いを学び、楽しい時間をすごすのはだいじなことですよね」と丁寧に応える。

何度もやりとりしていくうちに、味方になってくれる。

「ホースの水で遊んでいて、通った人にかけちゃって、怒られたりしてます。自由に遊びながら、人との距離感を学ぶんです」

「ある日、子どもがセミ取りをしていたら、公園にきていた近所のおばあちゃんがそれを見て、『貸してごらん』と言って一緒にやりだしたんです。その風景を見ていて、ああ、いいなあと思ったんです。よく、遊びは子どもの成長のために必要とかいいますよね。それもわかります。でも、それよりも、こんな『幸せの風景』をとりもどしたいなあと思うんですよね」

宮里さんは、区立の児童館で長く働いてきた。

毎日毎日子どもたちと、できる限りおもしろい時間をつくってきたという自負がある。

「でも、まちから宝物を奪ったんじゃないか、とも言えますよね。よく『子どもは未来の宝物』といいますが、そうではなくて、まちを幸せにする『いまの宝物』だと思うのです」

この公園にはたくさんの「なじみのおじさん・おばさん」がいる。

必ずバナナを1本持ってきてベンチで食べていく「バナナのおじさん」、「じゃ、俺、帰るね」と必ず言って帰る「やすさん」、「ニコニコおじさん」「2人組おばあさん」「ハンモックおじさん」「桟橋のおじさん」……。そんな近所のおじさんおばさんが、紙、廃材、竹など遊びの材料になりそうなものがあると、「これつかって」と持ちよってくれる。

「『責任のない大人』のかかわりが必要なんじゃないかと思うんです」と宮里さん。

「今は、子どものまわりに責任のある人（＝何かあったら『ごめんなさい』と言わなければならない人）ばかりがいますよね。でも、子どもが木から落ちて泣いていたら、普通のおじさんは、応急手当てをして子どもをその子の家まで連れて行くでしょ？　そしたらお母さんは『ありがとう』って言いますよね。『ごめんなさい』ではなくて『ありがとう』って言い合える関係をつくっていきたいですよね」

近年、子どもへの声かけを見つけたら通報の対象になるという条例が奈良県、大阪府などいくつかの府県で制定されている。子どもを犯罪から守るという主旨なのだが、子どもに「遊ぼう」「お菓子あげるよ」などの声掛けをしただけで、通報される可能性があり、弁護士会などから、問題だと指摘されている。

数年前、ネット上で話題になった「事件」がある。小学生が1人で泣きながら歩いているところを住宅街で見かけた。迷子かと思い声をかけようとしたが、不審者扱いされるリスクを考えて「110番」通報をした、というもの。この対応をめぐって賛否の意見が多数よせられた。実際、道で転んだ少女に「大丈夫？」と声をかけた男性が、長時間にわたって事情聴取されたという「事件」も起こっているそうだ。

「子育て支援は、まちづくり」と、このプレーパークを運営するNPO法人は謳う。囲い込んで、ケアされる人、する人と分けてしまう暮らし方では、人は元気にはなれない。

「ある日、よくこの公園に来ているおじさんが、アイスを18個も買ってきて、そこにたまたまいた子どもたちみんなに配ってくれたんですね。で、『ここは安心して子どもにアイスをあげたりできるからいいね』とうれしそうに言うんですよ」（宮里さん）

こんなふうに、自然に声をかけあっていけるような場が広がれば、人はもっと幸せに生きていける。

（２０１４年８月　記）

ＮＰＯ法人ふれあいの家—おばちゃんち・北浜こども冒険ひろば
http://obachanchi.org/

七の日、道端で

一畳プレーパーク（埼玉県川口市）

埼玉県川口市のごく普通の住宅街。毎月七のつく日の夕方、道端に七輪が一つ置かれる。近所の子どもたちが、わらわら集まってきて、慣れた手つきでマシュマロや生せんべいを焼いて食べる。火を囲むと、普段は遊ばない違うクラスの子とも打ち解けるようで、しばらくするとみんなで「だるまさんがころんだ」や缶けりなど、一緒に遊びはじめたりする。

火に集まってくるのは、子どもたちだけではない。お母さんたちや、近所の人たちが集まってきて、遊ぶ子どもを横目におしゃべりをしている。

ここは『一畳プレーパーク』。プレーパークは、子どもが自由に遊べる環境をという市民活動で全国400カ所以上で主に公園などで開催されている。

『一畳プレーパーク』はその中でも（たぶん）最小。「七輪を囲むと、普段話しにくいこともふっと口に出せたりするんですよね」というのは『一畳』いいだしっぺの武澤《たけざわ》麻紀さん。自分の子どもが歩き出したころ近所の公園に行くと、子連れのママたちの「ほら○○ちゃん、貸してあげなさい」という「子どもの一挙手一投足に口を出さざるを得ない空気」がつらかった。新聞で隣接市で開かれていたプレーパークを知り、出かけてみた。夏で水着を用意していったがいっこうにプールに水がはられない。「今日は水遊びは?」と聞いたら「やりたかったらどうぞ」。「それが衝撃で（笑）、ああ、遊ぶってそういうことだった」と。そこで、このプレーパークに通いだして、数年間は運営にもかかわった。

ある日、近所の公園で焼き芋をやれないかと考えたが許可が降りなかった。「でも花火はやってる、だったら七輪なら」と友人宅の前の道路に七輪を置いてみた。すると「おばちゃん、何やってんの?」と子どもたちがやってきた。しかし、そこは車がたくさん通る道路。別の場所を探していたら、遊びに来ていた子どものママが「うちでどう?」と声をかけてくれた。その家の隣には、そのママのおばあちゃんが一人で暮らしていて、いい軒先もあった。以来、ここが定位置になった。

七輪に火をつけるのはおばあちゃんが一番上手。子どもたちも尊敬している。お母さんが早くに亡くなって、小学生の時に奉公に出なくてはならなかった。「当時はこの作業がいやでねえ」と言いながらささっと火を付ける。

『一畳』は最初は不定期開催だったが、七輪にちなんで七のつく日に開催となった。子どもたちは習い事などの曜日が決まっているから曜日は固定されないほうがいいそうだ。

それからいろんな人が立ち寄ってくれるようになった。

「夕暮れ時、子どもが遊ぶ姿っていいね。私の子どものことを思い出すの」と話してくれたおばちゃんは、お子さんがとても小さく生まれて、「障害が残るかも」と心配したそうで、少し大きくなって元気に遊んでいる姿を見て、ようやく「大丈夫かもって思えた」と話してくれた。

犬の散歩で通りかかったお子さんのいない地域の方が、「今日は七の日ですよね」と常連さんに。

最近、近所に引っ越してきたばかりのママさんは、赤ちゃんを抱っこして「人と話すって良いですよね。一日誰とも話さないので……」。

七輪のつながりから、近所のお店で働けるようになった若いシングルマザーは、「七輪に誘ってくれてありがとう。あの時、誘ってもらわなかったら、私

も娘もまだ笑えないでいたかもしれない」。

かつて子どもたちは、大人たちが働いているそのまわりで遊んでいた。

高度成長期、産業構造が大きく変化する中で、職住が分離し、サラリーマンと専業主婦が生まれた。父親は家庭や地域から消え、母親は子育てが仕事と言われ、熱心に手や口を出した。その結果、子どもの出来が自分の人生の出来となり、他の子が見えなくなっていった。

霊長類研究の第一人者・山極寿一さん（京都大学学長）は、ゴリラと人間を比較してこう心配している。


「人間が他者に示す（ゴリラにはない）高い共感能力も、家族を超えた子どもとの触れ合いによって鍛えられる。そのアイデンティティーと共感力が失われたとき、人間は自分と近親者の利益しか考えない極めて利己的な社会を作り始めるだろう」

（毎日新聞２０１４年12月21日）


「7の日、晴れて元気だったら会いましょう、ぐらいの距離感がいいんですよね」と武澤さん。何度も顔を合わせているうちに、自然とお母さんたちの間で「あの子はどんな子？」と遊びに来ている子どもたちの様子が気になるようになったという。

火はあたたかい。でも「道端でみんなで七輪を」という気持ちはもっとあたたかい。その気持ちに触れて、緊張がゆるむ。

うちの七輪も外にださなくちゃ。


（２０１５年2月　記）

「気まずくなれる」場所

子育てひろば「ぷりっじ@ｒｏｋａ」（東京都世田谷区）

「家で一人で子どもを見つづけるのはつらい」という母親たちの有志の活動としてはじまった「子育てひろば」。10年前に国の施策として、全国で展開がはじまり、いま親子が集える場所は、公立、公設の子育て支援センターや、民間で運営される「つどいのひろば」など、全国で８０００カ所以上になった。月曜日は図書館の読み聞かせ、火曜日は支援センター……日替わりで、毎日どこかしらに行く場所ができるようになってきた。家にいるよりは外に出たほうがいいという意味で、状況はかなり改善されたといいえる。一方で、地域で母親たちが自主的に運営してきた子育てサークルなどは激減している。つまり「サービスが充実」して、わずらわしい運営にかかわることなく、ずっと「お客様」のまま過ごせるようになったともいえる（そして運営者からは「利用者からは要望や苦情ばかり」という嘆きをしばしば耳にするようになった）。

「ずっとお客さんでいるって、楽だけど、ちょっとさびしいよね」と言うのは、15年ほど前から東京・世田谷《せたがや》で子育て支援の活動をすすめてきた松田妙子さん。５年前からは公団住宅の一角をつかった子育てひろば「ぷりっじ@ｒｏｋａ」を運営してきた。

毎日、たくさんの親子がやってくる。家賃は無料だが行政からの補助は開設当初はまったくなく、

利用者の「もちより」で運営されてきた。電子レンジは、育休明けで職場にもどるお母さんたちが寄付してくれた。荷物棚は通ってくる赤ちゃんの大工をしているおじいちゃんがつくってくれた。お茶コーナーも「あるといいなあ」と言ったお母さんたちによって整えられた。絵本の貸し出しも、司書だったママの「貸し出しはないのですか?」という一言から「じゃ係をやってもらえますか♪」ではじまった。

「実家のような、自分の場所だと思って過ごすにはみんながどうしたらいいか、それをいつも考えています」と松田さん。

はじめてのお母さんに「授乳するところはどこですか?」と聞かれたら、「どこでしたいですか?」と問い返したりする。「トイレにいってくるので子どもを見ててください」と頼まれると、まわりのお母さんたちに「赤ちゃんだっこしない?」って声をかけたりする。「ちょっと大きくなった子のお母さんだったら、『ああ、なつかしい』ってなったりします」。「最近、子どもがご飯をたべなくて」と聞かれたら、安易にアドバイスせず、そばにいるママに「そんな時ある?」と声をかける。「あっ、さっきも同じことで悩んでいる人がいたよ」と。

「すぐに解決はしないことのほうが多い。でも、仲間がいるっていうことで、元気が出たりするんですよね」。

親自身が主体的に動き、まわりと関係をつくり問題を解決していく力をつけること、それがここでの「支援」だ。そのポイントは、

「みんなでつくること、そして、『みんなで気まずくなれる』ことです」

と松田さんは微笑む。

子どもとの暮らしは小さなトラブルつづき。おもちゃのとりあいが起こった時やケンカなど、ちょっと気まずい雰囲気になることもよくある。そんなとき、すぐに介入してしまうのが今どきのお母さん。止めないと「止めない親」と見られる、少しでもケガをさせたら大変、と緊張している。そんな時、「ぶりっじ」ではなるべくみんなで見守れるように工夫している。先輩ママが「あらあら」と微笑みながらケンカの状況を「解説」したりする。あるいは「どう思う?」とその場面についておしゃべりしたりする。それを0歳児のママが見ながら、そういうものか、と学んでいく。

公設などの多くの子育て支援センターなどではこうはいかない。「子どもから目を離さないで」などの張り紙がたくさんあり、トラブルの芽は未然につまれる。

「生活や生き方がみんな違うのに、子どもを育てる時だけ同じルールじゃなきゃいけないって、へん。違いを出しあって、時にはぶつかることもある。でも、それが誰かと生きていくっていうことですよね」

と松田さん。

少し前に、子育て支援のＮＰＯを長く運営してきた友人からこんな話を聞いた。

「活動をはじめた頃は補助もなくて、有志で公民館にみんなで集まって『ひろば』を開いていたのね。スタッフも子ども連れで開始時刻ぎりぎりに会場に到着。そこにたまたま来たママたちと一緒に座布

団を出してね～。いまはスタッフがあらかじめ到着して、座布団を出して『さあどうぞ』。どっちがいいのかなあ、とふと思うことがあるのよね」

２０１５年の春から子育て支援は財源つきの新しい制度が始まる。子育て支援サービスの本格的な展開として期待されている。「誰かと一緒に生きていくことの支援」にするために何ができるか、考えていきたい。

（２０１４年10月　記）

子育てひろば「ぷりっじ@ｒｏｋａ」ＮＰＯ法人せたがや子育てネット
http://www.setagaya-kosodate.net/

「めんどくさい」文庫

フキデチョウ文庫（岩手県盛岡市）

盛岡市の下町、老舗のわんこそば屋さんが並ぶ通りに、「フキデチョウ文庫」という一風変わった小さな「図書館」がある。

玄関を入ると、部屋の奥までおしゃれな本棚が並ぶ。雑誌、マンガ、小説、エッセイ、全集、子ども向け、大人向け、地元ゆかりの本など３０００冊以上。大きめのソファーなどもあり、ゆっくり過ごしてほしいという気持ちが伝わってくる。本は無料で借りることができる。夕方になると近所の子どもたちがわらわらと遊びに来る。ゲームをしたり、本を読んだり、宿題をしたり。

実はここはれっきとした通所介護施設《デイサービス》である。1階にはお風呂、2階にはリビングとみんなで調理できる炊事場があり、毎日、10人あまりのおばあちゃんやおじいちゃんが通ってきている。みな思い思いの時間を過ごす。私が訪れた日も、映画を見ている人や、寝ている人や、お昼ごはんをスタッフと一緒につくっていたり。部屋にはとにかくゆっくりした時間が流れていた。

「本をおいた理由は、いろんな世代の人が出入りしてくれるからです」と言うのは、代表の沼田《ぬまた》雅充《まさみつ》さん。開所当初半年間、あまりにも〈へん〉で利用者がまったくなかった。ケアマネージャーも遠巻きに様子を窺っている感じだった。最初の「利用者」は、要介護者ではなく近所の子どもたちだった。マンガを読みに出入りしはじめた。しばらくして「子どもがなんだかあやしいところに出入りしているらしい」と心配したお母さんが見に来た。で、介護施設だとわかった。そこから話が広がり、そのお母さんたちのお知り合いが最初の利用者になった。

以来、多種多様な人々の出入りがはじまった。精神障害を持つ人と近所の常連の子どもたちで、一緒にケーキをつくったり、ＰＴＡ主催で地域住民との懇談会で商店主、学校、町内会、そして子どもも参加して、このまちをどうするかを話し合ったり。1階の奥は、相談室。使用していないときはコ・ワーキングスペースや子供たちの隠れ家に早変わり。お昼近くになるとコンビニ袋を下げた学生や近所で働いている人が来たりもする。

沼田さんは、元々臨床検査のルートセールスマン。いろいろな介護施設などを廻る仕事だった。そこで感じたことは、自分が介護サービスを受けるとしたら、または親に薦めるとしたら選択肢になる

施設があまりに少ないことだった。

その後、縁あって小さな介護保険事業所の職員に転職。そこは、なるべく利用者がやりたいことができる場にしていた。しかし、所長がやり手のビジネスマンに変わり、費用対効果や効率ばかりを口にし、利用者の思いが制限されることが多かった。

「利用者さんで、お菓子をふるまってくれる人がいたんです。でも施設側はすぐに禁止。いろんな理由をつけて。とにかくトラブルを起こさないことが目的のようでした。でも『お菓子をあげたい』っていうそのお年寄りの気持ちはどうなんだろうと思ったんですよね」。

それで退職。以後、転職するもクビになること3度。結局、自分ではじめることにした。

文庫には、2階にも子どもたちはどんどんあがってくる。高齢者に子どもがうるさい、といわれる時もある。

「じゃあ、子どもはこなくていい、ではなくて、折り合いをつけていけばいいんですよね」と沼田さんは言う。

「トラブルがおこったときに、さてどうしようと一緒に考えることで、関係が深くなるじゃないですか。実は、私、めんどくさいことがおこることを待ってるんです(笑)」

赤ちゃんが来て大泣きした時に、利用者のおばあちゃんが「おなかがすいてるんじゃないかい、あそこであげればいいよ」なんて教えていたりする。「あらかじめ授乳室とか決めたら、『ストーリー』がなくなってしまいますよね。それはもったいないかなと」

「ここは本がたくさんある屋根付きの公園でありたい」と沼田さん。

「いろんな人がいるのが自然なのに、病気や障害をもつと、社会のある枠組みにはめこまれてしまう。なかなか外に出られない利用者さんも多いです。だからこそ、ここにいろんな人が来て、いろんなことが起こっていることで、自分も社会の中に居る、と感じてほしい。わざわざ大勢でたずねてきて『さあ交流しましょう』ではなくて」

子どもは学校へ、患者は病院へ、要介護者は介護施設へ。近代社会は「専門性」をもつスタッフをあて、「サービス」にすることで問題解決をはかろうとしてきた。その副作用として社会はシステム化し、ルールが増え、効率を求めるあまり、人として互いに深く出会うための機会をなくした。

めんどくさいことが起こったときに、ぷつっと切れない、そんな日常をつくる場を増やしたいと思う。

(2014年12月 記)

かっちぇて

こどものたまり場・大人のはなす場『かっちぇて』（長崎県長崎市）

長崎の町は山の上まで住宅が立ち並び細い路地と階段がどこまでも続く。その中腹の一軒家から、ピアノの音や子どもたちの元気な声が聞こえてきた。入ると、あまーい匂いが部屋中に。子どもたちが台所でべっこう飴をつくっている。この日はじめて来たという近くの専門学校の女子学生が４人、ピアノを弾いたり、子どもたちと家の中をぐるぐるまわり歓声をあげている。

ここは「こどものたまり場・大人のはなす場　かっちぇて」。

かっちぇてとは、長崎弁で「仲間に入れて」の意味。月曜、水曜の夕方と第２・４の土日に開かれている。時間は「最後の人が帰るまで」。看板には「今日はあいてま〜す！　誰でも中へどうぞ！」。専門学校生たちは通学路の不思議な看板を毎日見ていて、「あやしいが入ってみたい」とずっと思っていたそうで、この日初めて思い切ってのぞいてみたとのこと。

しばらく様子を見ていると飴をつくっていた少年が、大きなすり鉢をもちだして、飴をごりごりすりだした。「すごい、白い粉になっていく！」と少年。

となりで（これ、もしかして砂糖に戻る?）と見ていた私に、

「ちょっとすり鉢押さえて」。

さらにごりごり。

「もしかしたら、綿あめになるかも！」。

聞けば、彼はこの2週間ほど、ひたすら飴をつくりつづけているとのこと。

この日、子どもたちはお姉さんたちの登場によろこび、あれこれ遊びに誘い、飴の少年はできあがった粉（綿あめ？）をおみやげに渡していた。

そんなやりとりをおかしそうに見守るのは、主催している片山健太さんとかおるこさん夫妻。

片山さんは、もともと大学院で暗号学を研究していた。

「まわりは絵に書いたようなオタク。『20時にまちあわせね』って会話があって飲み会かと思ったら、ネット上で、でした（笑）」

違和感を感じ、当時入っていた子どもキャンプのサークル活動に夢中になった。子どもたちとの関わりの中で親になんでもしてもらっていた自分に気づいた。

その頃、長野県の山村留学を展開しているＮＰＯに出会い、スタッフに。そこは親元を離れ集まった子どもたちが「今日何をする？」という問いからはじまり、1年間、一緒に暮らしをつくる場。薪割りも炊事も、すべて自分たちで行う。自然の中で仲間とぶつかり・助け合いながらどんどん変わっていく子どもたちの姿に目を見張った。しかし同時に疑問も生まれた。

「本当にこういう場を必要としている子どもは、ここには来ることができていないのでは……」。親元を離れて「留学」するには、お金と親の同意が必要だった。

退職し、故郷の長崎に戻った。築80年の民家を購入し小学校の前でチラシをまいて「一緒に遊び場をつくろう！」とよびかけた。30人の子どもたちと3カ月かけて大工さんに教えてもらいながら改装作業をした。シロアリにやられた壁をこわし、漆喰をぬった。廃校になった高校からもらってきた机の足を切ってコタツをつくった。そして、看板には大きく「無料です」「申し込みもいりません」と書いた。

「失敗できる安心感をだいじにしたい」と片山さん。

「昨日も部屋中、煙だらけになって(笑)。飴もつくり方を習ったのではなく彼がフライパンで餅を焼いていて、偶然砂糖が溶けて飴になるという『発見』だったんですよ」

子どもたちの自在な動きや表情には「ここでは何かをやってみることができる」そんな気持ちがあふれている気がした。「でも、なにもしなくてもいいよという思いをこめて、遊び場ではなく、たまり場と言ってます」と片山さん。

「ただ何気ない日常を一緒に重ねることを大事にしたいんです。自殺したり事件を起こす子って、前日も学校に行ったり、いつも会う大人と接触してるんですよね。でも言えなかった、頼れなかったんだと思うんです。そんな時に想い出してもらえる存在でありたいなぁって。そのまんまのあなたでいいんだよって」

「かっちぇて」でも、子ども食堂をはじめたが、新聞社などの取材は今のところ断っている。しんどい子を集めて「さあどうぞ召し上がれ」ではなく、普段のつきあいで出会った子どもたちの中で、必要があれば「ちょっと食べていく?」と言える、そんな場でありたい、と。実際、付き合いが長くなってきた子たちの中には、「お母さんが仕事でさみしくて……」「ゴハンが冷凍食品で……」とポツポツと自分のことを語り出す子が出てきた。

子どもにも大人にも必要なのは、「支援」ではなく、日常を丁寧に重ねていける「暮らし」なのではないか。次々と「おバカ」を繰り出す子どもたちとそれをおもしろがる片山さん夫妻を見ながら、あらためてそう思った。

（2016年3月　記）

こどものたまり場・大人のはなす場「かっちぇて」
https://www.facebook.com/tetsunagu

ひとのま

コミュニティハウスひとのま（富山県高岡市）

富山県の高岡に「コミュニティハウスひとのま」という不思議な家がある。

2011年の夏に3名の若者によって開設されたフリースペースだ。

一見ごく普通の民家だが、昼間は小さな子どもを連れたお母さんや不登校の子たちがやってきて、おしゃべりしたり、ごはんを食べたり。夜は夜で、いろいろな人がやってきて、話し合ったり、やっぱりごはんを食べたり、お酒を飲んだり。壁に貼られた模造紙のカレンダーには、ほぼ毎日、なにがしかの催しが書き込んである。親子ベビーヨガ、大人向け学習塾、被災者交流会、うつNET高岡。このあたりまでは私設の公民館というイメージだが、さらに目をこらすと……すべらない話、合コン、死んでたまるか戦略会議、石川くんが石川に引っ越すってよライブディナー、人見知りとお調子者集まれ、とつづくとなんだかワクワクしてくる。

「ネットゲーム研究会」という日もある。『ネットゲーム廃人』になりそうな子がいて、やめとけっていうより、まずみんなで一緒に研究してみて、それについて話していこうっていう会なんです。でも、ミイラ取りがミイラになったりして」と笑うのは共同代表のひとり宮田隼《じゅん》さん。

ごはんだけ炊いて、おかずを一品持ち寄る「持ち寄りランチ会」も好評で、高岡市外からも来る人もいるという。こうした「みんなでつくる／持ち寄る」主義は徹底していて、お皿やテーブル、コタツなどほとんどの備品が「いただきもの」。床の間にでんと鎮座している超大型テレビも「夫が亡くなって、一人で見てもさびしいから」と近所の方からいただいた。ごはんの食器洗いはじゃんけんで決める。その勝敗表が壁に貼ってあって可笑しい。ここには「お客さん」はいない。

多彩な企画は、すべて誰か一人の思いつきや願いからはじまる。壁には「提案者・賛同者・やってみたい事」と並んだ模造紙が貼ってある。賛同者が一人つけば企画が始動するシステムになっているという。コンビニスイーツ持ち寄り会、野菜をつくって食べよう、つり部、パニック障害の会、かもし部（発酵食品をつくって食べる会）、コロッケツアー……見ているだけで楽しくなる。

「ある小学生のソフトボールをしようという提案に、フェイスブックで参加者を募集したら40人以上が参加して、すごいことになりました（笑）」

宮田さんが福祉系の大学で学んでいたころ、ある精神科の病院に見学にいくと、待合室に診察室から出てきたばかりの不登校の子どもとお母さんがいた。あまり晴れやかな顔をしていなかった。

「思わずその子に声をかけて、マンガの話とかしてたら盛り上がって大爆笑になっちゃったんです。それで、あ、こっちのほうがいいかなと。不登校だからではなく、同じ人ってところで出会えばいいんだ、ふつうのおじさんとしてつきあってみようと」

ひとのまの原型は宮田さんが大学時代に住んでいた自治寮にあるという。

「障害のある人とか、外国の人もけっこういたんですが、肩身の狭い思いをしていたんですね。中国からの留学生だけで集まってたり。で、友達になりたくて、『ねえ、中国のアダルトビデオってどんなの？』って声をかけたら、しゃべるしゃべる（笑）。あ、みんな同じなんだと思いました」。大学を出た後、施設やＮＰＯなどいくつかの現場を経験し、結婚した相手の実家が近くにある高岡に根をおろすことにした。

おしゃれな本を見せてもらった。この春、「ひとのま学園」を卒業したＴ君の、世界に6冊しかないという卒業アルバム。Ｔ君はひとのまで開校している引きこもりや不登校などの若者の支援を目的とした「ひとのま学園」に3月まで通っていた小学生。登校しなかった小学校から自分がまったく載って

いないアルバムを渡すといわれ、「受け取るのがいやだった」というT君の話を聞いて、「じゃあ、T君の卒業アルバムをつくろう」とオンデマンド印刷のサービスを使って制作した。ひとのまという場が、ここに集まる一人ひとりの人にとってどんな存在でありたいのか、が伝わってきた。

数年前に高岡に移住してきたという赤ちゃん連れの若いママがしみじみ話してくれた。「この場所に出会えてはじめて、このまちに住んでよかったって思えました」。

「ひとのま」の由来は「人の間」。肩書きや属性ではなくまず人として出会い、それぞれの経験を持ち寄って、そのメンバーでしかできないことをしよう、そんな遊び心があふれている場所だ。

「必要でない人はいないよ」、絶えない笑い声はそう言っているように聞こえた。

（2012年6月　記）

コミュニティハウスひとのま
http://hitonoma.net/

群読

彩星学舎（埼玉県さいたま市）

「どっどど　どどうど　どどうど　どどう」（宮沢賢治『風の又三郎』）

さまざまな色の照明に照らされて、濃い化粧と派手な衣装の若者たちの叫ぶような群読が響く。出演者の緊張感、高揚感がひしひしと伝わってくる。一人ひとりの若者の、今この時の精一杯の表現を、居合わせた観客が、しっかりと受け止めようとしている。ここは教室で、公演は卒業式でもある。

さいたま市にある彩星《さいせい》学舎は1999年に開設されたフリースクール。当初は不登校の子どもたちが中心だったが、今はさまざまな障害のある子も通う。畑や調理など体験による学びと冒頭の劇などの表現活動を中心にすえ、山梨の古民家を借りて稲作をしたり、東北の被災地に出かけたり。学生をはじめ多様なボランティアが参加し、毎日の学習や行事を通じて生徒たちと共に学ぶ。

秋のバザーは彩星学舎の一大行事。6日間で170万円を売り上げる。設立当初「あやしい宗教団体

が来た」と言われたことがきっかけで、地域の方々との交流と運営資金の調達を目的に始まった。生徒たちは、物品提供などを呼びかけるチラシを地域の家々に配る。最初は戸惑うばかりの生徒も、「今年もごくろうさま」と地域の方に声をかけられる中で、あいさつを返し、協力を呼びかけられるようになっていく。

設営、値札つけ、接客、すべてが生徒とボランティアの仕事。人と接するのが苦手で、表(お店)に出られない生徒もいる。しかし、2年、3年と回を重ねると、だんだんと表で品物を買いに来た方々と値切り交渉などのやりとりもできるようになったりもする。

強制的にやらせることはしない。その代わり「バザーはだいじな収入源。ここが大事だと思ってくれるなら一緒に動いて」と呼びかけ、多様な参加のあり方を保障する。最初は遠くで見ているだけ、気配を感じているだけでも、その時その子の参加の仕方なのだと認め、見守る。そうすることで、生徒自身の主体性と他者と関わる意欲を育む。演劇の公演も、大道具の製作、会場の設営や清掃、昼食づくりなど、演劇に興味がない生徒も自分でかかわり方を選んで参加する。有料の舞台をつくるリアリティを知る。

こうした学びの場のありようを、彩星学舎では「学びのコミュニティーの創出」と呼んでいる。困った状態が起きたとき、その子どもだけの問題としない。「与えられた条件」と受け止め、どうしたらその状態を変えられるか、その場にいる人が一緒に考える。その解決のプロセスを通じて、子どもも大人も成長する。ここでいう成長とは、いわば〝他者とともに困る〟という感覚を身に付け、そして創る力にしていくことだ。

迫力ある群読の声を聞きながら、大学時代に出会った教育学者パウロ・フレイレのことばを思い出した。当時、私は教育学を専攻。でも授業には出ず、かわりに市民によってひらかれていた自主夜間中学にボランティアとして通った。そこで在日コリアンのオモニや不登校の中学生たちと出会い、学ぶことの意味を問い直していた。

フレイレは、一方的に知識を生徒に注入しようとする教育を非人間化だと批判していた。

「実際、問題に迫られ、挑まれることなしにみずからの思想を発展させていった哲学者もいなければ、科学的な知識を体系化していった科学者もいない」

「『私は考える』ということはもはやなく、『私たちは考える』ということだけがある。『私は考える』ということを確立してくれるものが、『私たちは考える』ということなのであってその逆ではない」

（『伝達か対話か』亜紀書房）

すでにあるものを覚えよ、ではなく、教える側と教えられる側がともに考え、話し、事物・社会への認識をつくりかえていくのが学び。ゆえに学びは人を解放するものなのだ、と。

『私たち』で考える力」は、他者とのかかわりなしでは身につかない。しかし、フレイレがこう書いてから半世紀、日本では皮肉にも「教育」的発想が社会に浸透すればするほど、「私が（ひとりで）考える」（そして個人で責任を負え）という傾向が強まって来たのではなかったか。

彩星学舎のボランティアも、演劇経験者などで「教えてあげよう」とする人は生徒との関係づくりに苦労するという。逆に、バザーや演劇にひとりの参加者として「ともに立つ」ことができる人は、生徒との関係も自然にできていくという。居合わせた人と一緒に遊ぶ感覚、といえるだろうか。

というわけで、「教育」という関係に疲れてしまっているように見える娘の小学校に、ＰＴＡやおやじの会やら理由をつけては出入りし、「ただのおじさん」として子どもたちと遊んでいる。

先日、ある子が私に「だれのパパ?」と聞いてきた。

すると隣りにいた子が「知らないの?　西川さんだよ」と名前で紹介してくれた。

○○ちゃんのお父さんではないところが、とてもうれしかった。

よしよし。なんかしようぜ～。

（２０１５年6月　記）

NPO法人彩星学舎
http://saisei.lekumo.biz/

一語一会

のおがた未来ｃａｆｅ（福岡県直方市）

「中学生に質問です。好きなタイプは?」

ファシリテーター（進行役）の質問に、「えーっ」と動揺がひろがる。向かい合った大人に、言葉につまりながらも懸命に話す中学生。

ここは福岡県直方《のおがた》市の中学校の体育館。

「大人としゃべり場〜トークフォークダンスで語ろう〜」という特別授業に友人にぜひと誘われ参加した（主催は同校ＰＴＡ、市民グループ『のおがた未来ｃａｆｅ』がサポート）。

全校２３０人の中学生と同数の「大人」がクラスごとに二重の輪になり、一対一で向き合って座る。ファシリテーターが出す「お題」に沿って、互いに1分間ずつ話し、終わると隣の席に移動し、次の相手に「よろしくお願いします」。保護者だけでなく、地元の民生委員や遠方からの参加者もいる。

最初は、もじもじとしているが、ファシリテーター（以下、Ｆ）の最初の質問「昨日、何をしていましたか?」に一斉に話の花が咲く。「えーっと、帰ってから、ご飯食べて、宿題やらなきゃいけないなと思いながら、テレビ見てぼーっとしちゃって（笑）」。

質問に答え、相手の話に耳を傾けるうちに、気持ちはほぐれ、向き合った膝と膝の距離がだんだん

縮まっていく。
いわゆる「腰パン」のちょっと斜に構えた男子。「学校に言いたいこと」のお題では、しばらく沈黙したあと、ポツリと「受験、受験って言い過ぎっすよ」。
230組、230通りの会話。一期一会ならぬ一語一会。「クラスに居づらいんです」など、その日会った大人だから話せる一言もある。
大人の意見も一様ではない。「宿題はなぜあるの?」という問いに、私が「本当はいらないかも、ない国だってあるよ」と答えると目の前の男子くん、びっくり。逆に、立場や年齢が違っても、共感できることを知る。
F「大人への質問です。社会に一言!」
私「なんでも買えばいいって世の中でいいのかなぁと(わかるかな……?)」
女子「あ、わかります、ゲームとか典型ですよね!」
質問は、日常の出来事から、だんだんと深い話題に。
F「仕事はなぜするのか?」
男子「お金と……やりがい？　かなあ」

私「じゃあ、お父さんはどう?」
男子「うーん、やりがいは……でも、すごくがんばってる、と思ってます。」
F「友だちに言えなかった『ごめんなさい』を教えてください」
女子「小学校のとき、ケンカになっちゃった子がいて、ちゃんと話さないままに中学生になっちゃって、その子とは今も表面的には話すけど、ちゃんと話せてなくて……」と、つっかえつっかえ、会ったばかりのおじさん（私）に話してくれる。
F「最近、成長したことは?」
女子「去年まで学校あんまり来れてなくて、今年はちゃんと来れて、いろんな子と話しができてることかな」
私「そうなんだ〜、よかったね。学校、来れなかったんだ……」
女子「はい……お母さんが……死んじゃって、いっぱいいっぱいで……」私は黙ってうなづくのが精一杯。
F「大人の方、家族に言えなかった『ありがとう』を教えてください」
私「うーん……」いざ自分が話すとなるとしばしば立ち往生。
終了後、のおがた未来ｃａｆｅのメンバーの梅原《うめはら》達巳《たつみ》さんにそのことを話すと、にやりと笑って「そうなるような質問を考えてます。」

大人が頭をかかえて、うーん、と困っている姿を見るのもだいじなことなのだと思うのですよね」。「テレビや学校で聞く大人の姿は、成功したすごい人の話ばかり。自分の親や近所の人を見ると、大したことないと思ってしまう。でも、普通の大人も、たくさん考えているし、楽しんでいる。飾らずに、もっと、大人の素直な本当の姿を子どもたちに見てほしい。大人を集めるのは大変かもしれないが、やってみよう！」と。

短い時間でも、きちんと向き合い、気持ちを傾ければ、人は人として出会うことができる。近年、「元気をもらいました」という言い回しをよく耳にするが、本来、元気は自分の内側から湧いてくるもの。誰かにきちんと話を聴いてもらう。それだけでこんなにも元気が湧いてくるものか……。

帰り際、最初に話した女子中学生と目があって、お互い「あっ」と気がついて、「またね！」と笑顔で別れた。

この一年、娘の小学校のＰＴＡに関わってみた。「地域の子は地域で」というが実際、交わるのは難しい。トークフォークダンスは学校でこそできる大人との学び／遊び。これならいける。さっそく仕込みをはじめよう。

（２０１５年８月　記）

のおがた未来ｃａｆｅ
https://www.facebook.com/NFCafe/

なかよし

NPO法人なかよしねっと（埼玉県朝霞市）

埼玉県朝霞《あさか》市の団地の一角に「子育て支援センター・おもちゃ図書館　なかよしぱぁく」がある。障害の有無にかかわらず、毎日たくさんの親子がやってくる。「おもちゃ図書館」は、障害児も気兼ねなく遊べる場として、全国に広がってきた市民活動。同じ建物に「障害児放課後児童クラブなかよし」がある。いずれも「NPO法人なかよしねっと」が運営。その主な理事、スタッフは、障害児のお母さんたちだ。

24年前、障害をもつわが子たちに豊かな経験をと親たちが集まり、レクリエーションを企画したことに始まる。その活動を拡張し「障害児放課後児童クラブなかよし」を設立。毎日の遊び、遠足、調理、宿泊体験など、親きょうだいを含めて「一つの大きな家族に」と皆で育ってきた。その後、就労支援施設として近くに「なかよしかふぇ」を作り、市から「ぱぁく」の運営を受託した。「ぱぁく」のおもちゃは毎日夕方に「かふぇ」のメンバーが消毒する。学童の清掃も彼らの仕事だ。「ぱぁく」に来た乳幼児の親子の目に、楽しく遊ぶ学童のお兄ちゃんたちや、働く「かふぇ」のメンバーの姿が自然に入る。ともすれば悲観しがちなわが子の「将来」がイメージできるように、という願いが込められている。

「多くの子育て支援センターには『自分の子どもから目を離すな』って張り紙がありますけど、あの時の自分だったら、そんな場所には行けなかったと思います。一瞬たりともじっとしていない本当に大変な子だったので」と話すのは「ぱぁく」施設長の住田《すみた》貴子さん。息子さんがとなりの学童に通う。

息子さんが小さい頃、他の子のおもちゃをとって返さないなど、行く場所すべてでトラブルになった。

「どこに行っても〝アウェー〟でした」。

しかたなく朝早く公園に行き、他の子が来ると家に戻るという生活。妹が生まれ、歩くようになると、髪の毛をつかんでひきずり倒す。毎日が戦場だった。

「8階のマンションのベランダに出ると、ふと楽になりたいなあ、と思ったりも……」

ある日、紹介されて都内のおもちゃ図書館に行ってみた。

「おもちゃをがんがん出しても、どんなあそび方をしてもOK。はじめて〝ホーム〟だと思えました」。

そして、保育園の先生たちや同じ障害児をもつ親の仲間たちと出会い、一緒にここまでやってきた。

「こんなに手のかかる子なのに、みんなにかわいいかわいいって言ってもらったことが、なにより救いでしたね」

その経験が「ぱぁく」の仕事に生きている。「どんな子が来ても、みんなかわいく見えるんですよね」と、小さな変化や出来事を親と一緒に喜ぶ。張り紙のかわりにまめに声をかける。

最初から障害があるとはっきりわからない子も多い。もって生まれた育てにくさ、親の経験の不足、親子の相性…「障害の有無にかかわらず、煮詰まってる人がいっぱいいるんだということが、『ぱあく』をやってみてよくわかりました」

「たいへんな状態で、自分の子しか見えてないお母さんも、私たちが橋渡しになって、みんなでわち

やわちゃやってると、なんとなくこの子とはこんな感じでつきあえばいいかなとわかってくるんですよ。スタッフや他のお母さんにサポートしてもらうと、あとで必ず他のお母さんに同じことをしてくれます。そんな連鎖を起こしていけたらな、と思ってます」と住田さん。

幼稚園にあがった子のお母さんから「一人で相談に来たい」と連絡が入ることもある。そんな時も、時間をとってゆっくり話を聞く。そのかわり、「ちょっとこの赤ちゃん見ててくれる？」と頼む。「そうすると、自分のために時間をとってもらって申し訳ないって思ってるお母さんも、また相談に来やすくなるし、私たちも助かるので」

おもちゃ図書館や障害児学童での「みんなの子をみんなでみる」という経験が、場の運営に生きている。

子どもが障害をもって生まれて来ることは、困難なことではあるが、それ自体が不幸というわけではないはずだ。一番つらいときに、ともに悩んでくれる人にもし出会えたなら、それは、逆にとても豊かな人生を歩んでいけるスタートにもなる。また、それは障害の有無にかかわらず、どの親にも言えることを「なかよし」

の活動は示している。

「ここはよくある読み聞かせや体操などの親子イベントも何もありません。うちは、そういうのがまったくできない子だったもので（笑）。あちこち連れて行ったりしてではなくて、一つのここが落ち着くという見守りの中で育つ社会性をだいじにしています」と利用者数ばかりを追いかける評価に疑問をもっている。

実は、障害児の放課後は数年前から激変中だ。２０１２年から「児童デイサービス」という新制度が始まり、企業が大量に参入した【47ページ参照】。毎夕、特別支援学校の校門には何十台もの事業者の迎車が並ぶ。儲けたい事業者と、毎日どこかに預けたい親たちの都合で、子どもたちは日替わりであちこちの事業者に連れていかれるようになった。

「思わずドナドナド～ナと歌いたくなりますよ」と住田さん。

県内に10数カ所あった親が運営に参画する障害児学童は「なかよし」だけになった。一方、子どもが毎日どうすごしているか知らない親や土日もふくめ預けっぱなしの親も増えている。他の子も、親もよく知らない。

「人との関係をつくるのが苦手な子たちだからこそ、安定した場所で、いろんな人とかかわることが楽しいんだよということを実感してほしいのです」と住田さんたちは心配する。

「みんなにここが第二のリビングだと思ってほしいんです。しんどくて『もうっ』って思った時に、あ、ここがあったなと」

10年ほど前、「孤育て」を解消するため国としての子育て支援の施策がはじまった。子育ての社会化

＝社会で子どもを育てるとは、みながかかわり、当事者として暮らしをつくっていけるということのはずだったが、現実は市場化・サービス産業化の大きな流れにのまれつつある。
しかし、親も子も本当に求めているのは、利用者・支援者という立場を越えて、「今日も会いたい」と互いに思える人（なかよし）がいる場所なのではないだろうか。

（2016年7月　記）

NPO法人なかよしねっと
http://nakayoshinet.jimdo.com/

縁側

NPO法人暮らしネット・えん（埼玉県新座市）

最近、患者のことを『患者様』という病院が増えているらしい。「お客さん」だから「様」をつける、個人情報だからむやみに名前を呼ばない……なるほど。偉そうに権威をふりかざす威圧的な医者や、近所の市役所の出張所のやる気のまったくないおっさん職員の、ぞんざいな住民票の出し方に比べりゃ百倍よい。でも、なんかへん。
埼玉県の新座《にいざ》に「暮らしネット・えん」というNPOがある。1990年に、2人の障害者の地域での自立生活を支える活動からはじまって、時代とともにホームヘルプ、デイサービスと活動をひろげてきた。2003年、NPO法人化し、多くの方々の寄付や個人融資(私募債)を集めて、新しくグループホームとデイサービスを開設、活動の拠点をつくった。長年、地域でさまざまな活動をしてきた人、若手のスタッフ、近所に住む退職した男性、さまざまな年代層・立場の人々がかかわって、その活動はつくられている。このNPOでは、利用者のことを決して「お客様」とはいわないし、○○様という呼び方もしない。

その理由を代表の小島美里さんに聞くと、

「介護保険ってのは『保険』なんだから、助け合うってことでしょ。ならばどちらかがどちらかを『様よばわり』するのはおかしいでしょ」

あまりにまっとうすぎて、一瞬ぽかんとしてしまった。

介護保険制度は、「家族なのに面倒みないなんて」「お上の世話になるなんて」という二つの固定観念をぶちこわしてくれたと思う。この点で、私はとても評価している。しかしその一方で、介護サービスを必要とする人々を「お客様」にした。お客様扱いすることで、見えなくなることもあったのではないか、とも思う。

お客でしかない、ということは、つまりオーナーではない、その事業の意思決定にはかかわる人ではないということだ。その事業に責任をもつ必要がないかわりに権限もない。

公的事業として税を投入していながら、住民は意思決定から排除されている。例えば、仮に業績が悪化し、事業を撤退するかどうかという判断が必要になったときに、株式会社の場合、大株主でもないかぎり、住民には公式に決定権がない。自らの生活にかかわる最重要課題について、他者に決定を

ゆだねざるをえない。別の言い方をすると、事業者対個人がサービスだけでつながっている関係の中では、事業者から見ればその利用者はかならずしも「かけがえのない人」ではない、ということだ。お金の切れ目が縁の切れ目になりがちだ。

また、利用者の言うとおりにやることが、よいサービスともいえない。「仮にお客様だとしても、すべてお客様のいうとおりにすることと、よいサービスであるということは違う。利用者のいいなりになることでも、利用者をいいなりにすることでもない」と小島さんはいう。利用者もまた地域を構成する主体の一人、きちんと責任をもつべき人という考えが根底にはある。「住み慣れた地域で、暮らし続けるためのしくみ」という視点でみれば、事業者も、その利用者も対等な参加者である。

しかし、これを事業者として実践するには、果てしなく手間と時間がかかる。日々のケアの現場で、あるいは組織の運営について、利用者、事業者、地域住民が、対話を重ねるしかない。そうしてはじめて自分が「しくみ」――もっと言えば「まち」をつくる主体であることを実感できる。そこに経営効率も同時に考えなければならない事業体としての立場との間で深い葛藤が生まれる。

「これも何かの縁ですね」ということばがある。このあとには「一肌脱ぎますか」とか「ひとつ○○しましょうか」なんていう、なんらかの行動を促すことばがつづく。そこには、偶然その場をともにした人が、とりあえずその場をともにつくっていきましょう、というゆるやかな肯定感がある。地域で共に生きるというのは、本来はこういうことではないだろうか。

いろいろな立場や意見があることを私たちはついマイナスに考えてしまう。たまたま、そこに住んでいる、集まってきたということを、肯定的にうけとめていけるようにしたい。人の縁をむすぶための方法（まちの「縁側」）として、「サービス」をとらえ直していく必要があるように思う。

（2005年7月　記）

再訪

この一文をかいてから、10年の月日が流れた。

「暮らしネット・えん」は、度重なる制度変更などに翻弄されながらも、さらにたくさんの人々に支えられて発展をつづけている。訪問介護、グループホームなど設立当初からの事業に加え、小規模多機能ホームやグループリビング【*1】、配食サービスなど必要と判断した事業に次々取り組み、職員は非常勤も入れて105人になった。

しかし、小島さんの表情は冴えない。

「多くの介護の現場は、仕事がどんどん細分化されていく傾向が強くなっています」

大きな施設などでは、オムツを替えるだけの仕事をしている人、オムツをたたむだけの人、食事介助の人、と分けている施設が増えているそうだ。

「排泄の介助は、さまざまなその人の身体の信号をキャッチするだいじな仕事。ただオムツをかえればいいということではないはずなんです。介護の仕事の魅力って人としてのつきあいができることに尽きるんですよね。細分化されていったら、それがなくなります」

あらためて、「お客様扱い」について聞くと、

「ご利用者様とか、お客さんにしてしまうのはだめですね。ここちいい空間をつくる責任は利用者にもあります。認知症があってもちゃんとわかっていてくださいますよ。例えばグループホームでも、夜、誰かが具合が悪くなって、夜勤の職員が対応しなくてはならなくなると、いつもはちょっと騒いでいるような人も、その日はおだやかにしてくださっていたりするんですよ。ちゃんとわかってらっしゃるんですよね」

よく「その人らしい老後を」という。「えん」でも「質のよい介護」を目指してきた。では、その「質」

【＊1】 グループリビングは、単身高齢者の共同住居で、近年全国各地で、新しい高齢者の暮らし方として、注目されている。暮らしねっとえんのホームページでは、次のように説明されている。「高齢になっても、障がいがあっても、自分らしく住み慣れた地域で心豊かに暮らせる新たな住まいです。バリアフリーの住まい、大きな浴室、栄養豊かな暖かい食事、同じ屋根の下に暮らして声を掛け合える仲間。高齢期を迎えて一人暮らしが不安になる条件をクリアし、できる範囲での役割分担を受けもちながら地域住民として暮らします。いきいきと毎日の生活を楽しむ、「お客様」ではなく、「自宅に暮らす」日々をつくりあう住まい。」

「えん」でも毎年秋に近隣の人たちとヤキイモタイムを行っている

とは何か。それは「その人と暮らしている」という感覚を持てるということなのだということが、ことばの端々から伝わってくる。

えんの総会は毎年、会員、職員、ボランティア、そして利用者とその家族、医療機関などの連携しているさまざまな専門職など多種多様な方が出席して開かれる。事業ごとにそれぞれ報告がされていく。事業のひとつで普通の民家を改装してつくられた「小規模多機能ホーム〝まどか〟」のこんなエピソードが報告されていた。

「隣接する住宅の方から『小学校に入った子どもに、親が居ないときに何かあったら〝まどか〟に行くのよ、と言ってあるのでよろしく』と声をかけられた。近隣との関係を大切にしてきたことが少し実ってきたようで、たいへんうれしかった」

ボランティアからスタートして、いまや年間3億円の事業を展開するまでになっていて、しかし、総会で、こうしたエピソードが一番うれしいものとして報告される。この組織が、事業・活動を通じて何をしたいのかが、よくわかる。あとで聞いたら、近隣の子どもたちが、鍵をもってなくて家に入れない時など、まどかに来て、お年寄りと折り紙をしていたりするそうだ。

あいさつに立った代表の小島さんのことば。

「社会福祉法人にもなろうと思えばなれます。でも、なぜNPO法人かというと、地域の人と手を携えて運営していきたいから。そして、みんながやりたいことを、きちんと内部でも話し合いをしていく組織でありたいと思っているからです。今日の議案書もそうやってつくりました」

「お金をもらっている人、はらっている人、そのどちらでもいない人、が一緒にいて、居心地のよい場所でありたいと思います」

1998年に成立したNPO法（特定非営利活動促進法）は「市民の自由な社会貢献活動を推進する」（第一条）ことをめざし、市民が地域でさまざまな活動・事業を団体として展開していけるように法人格を付与することを目的とした法律だった。えんのような法人ができることを目指した法律だったのだと総会での様子を見ながらあらためて感じた（残念ながら、5万あるNPO法人のうち、そういえる法人は多くないというのが現状だが……）。

「今後は、地域の方々がもっとこの組織をつかっていろいろな活動ができるようにしていきたい」と小島さんのあいさつは続く。グループリビングの一階にはわざわざそのための部屋もつくってある。2017年からは地域の方と「だれでも食堂」をはじめる予定とのこと。

きちんと専門性と財源に裏打ちされた市民による事業を展開し、それを基盤に制度外のさまざまな活動を展開してきた「えん」。市民が協力し、活動をたちあげ、サービスを通じて、コミュニティをつくる。その可能性を示してくれているとあらためて思った。

介護保険がはじまって16年。お客様扱いの一方で、虐待などの事件もあとをたたない。「あなたは歳をとったとき、どんな風に暮らしたいですか」という「問い」をいつも抱えて、えんの活動はつづいている。社会全体への「問い」にしていきたい。


（２０１６年11月　記）

ＮＰＯ法人暮らしネット・えん
http://npoenn.com/

「楽ができない」図書館

高知こどもの図書館（高知県高知市）

「なんかおもしろい本ない？」

「どんな本が好きなの～？」

「環境をよくする本ってありますか？」

「ほほ～、では一緒に探そうか」

カウンターをはさんで、いろいろな会話とともに本が手渡されていく。

ここは高知市にある「ＮＰＯ法人高知こどもの図書館」。本好きの女性たちによって１９９９年に開館して以来、毎日、子どもたちと本の世界を橋渡ししてきた。県から建物を無償で借り受けているが、年間一千万円近くかかる運営費のほとんどは会費や寄付で賄まかなわれており、行政からの資金援助はない。毎年子ども、大人それぞれ250人が新しい利用者として登録をする。

最近は多くの図書館で自動貸出機が導入され、「ピッ」とすれば本を借りることができるようになっているが、この図書館では開館以来ずっと昔ながらの貸出カードを使っている。窓口に本とカードを持ってくると、子ども達は「○○です」と自分の名前をいう。

「ここは楽ができないところなんですよ（笑）」と館長の古川佳代子さん。

例えば、返却が遅れた時。子どもは少し気まずい顔をして来る。子どもからきちんと「おそくなってごめんなさい」の一言があれば、「次から気をつけてね」と応え、それで終わりにする。

「たとえ1年を越していても同じです。私たちはこんな〝すぐに帳消しになるような小さな負荷〟をかけることについては、ためらわないようにしています。謝ることのドキドキ感と、許してもらえたときの安心感、それをきちんと体験できる場でありたいんです」

やりとりの中で場をつくっていこうという姿勢は一貫している。

禁止事項を書いた貼り紙は一切ない。

例えば、高校生がお菓子を食べていたりすると、「大切に本を読んで欲しい」という気持ちを伝え「小さい子のよいモデルになってね」と声をかける。

例えば、「レファレンス」（資料や本を探す利用者のサポート機能）。今、一般的にはどの職員も同じ答えができることが重要視されており、まずは端末で検索をする。しかし、ここでは対応する人なり

の「色」もだいじにしてきた。「うちの娘は、この本好きでしたね」などといいながらお母さんと本を一緒に選ぶ。

大学生からの「保育園での読み聞かせによい本を教えてください」との依頼には「何歳児クラスなの?」など問いなおし、誰とどんな時間をつくりたいのかをきちんと説明できるようになるまで待つ。

「要望には精一杯応えますが、〝お客さま〟にはしません(笑)」

楽をさせないかわりに、こちらも楽をしない。

その根底には「誰かに紹介してもらう、誰かが一緒に考えてくれる、その楽しさ、うれしさも味わってほしい」という設立以来の思いがある。

図書館は本を通して人が世界と出会う場所だが、ここは本を介して人と人が出会う場所でもある。

運営もそうして行われてきた。選書も本の装備もバザーもたくさんの人の手によって支えられている。しかし「ボランティアは何人ですか?」と聞かれるたび、古川さんは悩む。

「利用してくださっている方が、顔を合わせてるうちに『手伝いましょうか』となるんです。バザーを手伝ってくださる○○さん、小物を手作りして持ち寄ってくださる○○さん、なんですよね。ボランティアさんという人がいるわけではなくて、仲間なんです」

話を聞かせていただいた間も「こんにちは」「よいお年を〜」と館の出入り口であいさつがかわされていた。「普通、図書館って黙って入らなければならないんですよね。ある図書館で『こんにちは』って言ったら『静かに』と叱られました（笑）」と古川さん。

少し前に、市立図書館の職員をしている私の友人からこんな嘆きの声を聞いた。「とうとううちの図書館も『いらっしゃいませ』ということに決まりました」。

延滞してもお金を払えば、謝る必要はない、という社会を私たちはつくってきた。子どもたちはそんな大人のふるまいを見て育つ。

それで果たして他者に対する信頼を育はぐくむことができるだろうか。

2015年8月、2学期がはじまる直前、鎌倉市図書館が「学校が始まるのが死ぬほどつらい子は、学校を休んで図書館へいらっしゃい」とツイッターで書き込んで話題になった。

では、実際子どもが学校のかわりに選択する図書館とはどのような場所だろうか。

図書館には、さまざまな人生の答が書かかれた本がある。しかし生きていくこと、学ぶことを支えるのは、声をかけ、一緒に考えてくれる人＝「応え」てくれる人の存在なのではないだろうか。

カウンターの楽しげなやりとりを見ながらあらためてそう思った。

（2017年1月　記）

高知こどもの図書館
http://kodomonotoshokan.org/

峠の茶屋

深谷シネマ（埼玉県深谷市）

ネギで有名な埼玉県深谷市《ふかや》。かつては煉瓦《れんが》の製造でも有名で、東京駅舎の煉瓦も深谷産だ。その煉瓦造りの元酒造倉庫を改装してつくられたのが「深谷シネマ」。60席の小さな映画館だが、年間2万5千人が来館。市民が主体となって文化、芸術性の高い作品を上映する「コミュニティシネマ」の草分けで、地元の市民に愛されてきた。隣りの市には多数のスクリーンをもつ「シネコン」があるが、高齢者には遠く、上映作品も作家性よりもテレビとのタイアップやハリウッドの宣伝力がものをいうものが多い。

「この映画をどんな人がつくろうと思い、どんな人が皆さんに観せたいと思い、また観に来た人もそれがどんな映画だったかを話すというような、映画を通じて人がまじわる環境をつくりたいんです。シネコンとも共存していろんな作品が観られるのが理想です」。と話すのは支配人の竹石《たけいし》研二さん。ドキュメンタリーや古い邦画などをかけることで棲み分けをしている。

竹石さんは、若い頃、映画会社に就職。児童映画の担当になり、16ミリフィルムと映写機をかついで全国をまわった。しかし部署が廃止になり退職。妻の実家のある深谷に移り、地元の生協で働いていたが、50歳の時、やはり映画にもっとかかわりたい、シャッター街になっていく深谷の町を元気にしたい、と仲間を募り、２０００年、映画でまちづくりを目指すＮＰＯを結成。行政や地元の方々の協力を得て洋品店の2階を改装した映画館をつくった。

そこで戦前の大ヒット映画『愛染《あいぜん》かつら』を上映した。すると当時の「少女たち」が押し寄せた。主題歌を歌い、手をたたき、歓声を上げげた。上映が終わったあとも、話の花が咲いて、誰も帰ろうとしない。「映画には、こんな力もあるのかと実感しました。あれが原点です」と竹石さんはふりかえる。

実はこの時私もゼロ歳児の長女を連れて参加している（長女の人生で最初に見た映画は、おばあちゃんたちの大合唱の中で見た『愛染かつら』ということになる）。上映後トイレで隣に立った男性が話しかけてきてくれた。「明日、兵隊に行くっていう日の前の晩に観た映画がこれだったんですよ……」。

その後、２００２年に常設の映画館を実現。２０１０年に現在の酒造倉庫に移転し、市民に定着してきた。

先日、訪ねた際に映写室に特別に入れてもらった。大きな映写機が「パラパラ」という音をたてて35ミリのフィルムを送っている。この日は成瀬巳喜男《みきお》監督特集。ガラス越しのスクリーンには若き日の加山雄三。映写機かっこいい！と興奮していると「しかしもう主流ではないのです」と竹石さん。数年前、映

写室の風景は「デジタルプロジェクター」の登場で一変した。配給会社からは、フィルムのかわりに、ハードディスクが送られてくるようになった。映写機は一斉に破棄。

「山田洋次さんのようにフィルムでしか撮らない監督さんやいつかは長編映画をフィルムで撮りたいという若い人達もいます。文化は多様性が命。大勢が変わるのはしかたがないにしても、少しは残したいですよね」

竹石さんは、東京の下町育ち。原っぱで遊ぶように子どもだけで近所の映画館に通った。当時は日本映画最盛期。

「東映のちゃんばら映画の三本立てをよく観に行きました。名優高田浩吉《こうきち》扮する侍が、峠の茶屋で景色をながめて一服するんですが、映画館もその峠の茶屋のような場所かなと思うんです」

日常いろんなことがある中で、立ち寄って休んだり、世界を眺めたりする場所。この映画館には、日々さまざまな人が通う。月曜日の朝一番の上映に必ず顔を出す85歳の男性。「顔が見えないと心配になって電話をかけることもあります」。農業をしていて雨の日になると来るおじさんもいる。常連さんが、都内でロードショーを見て、「あの映画はよかったよ、ここでもやったら」などと教えてくれる。

「高齢の女性の声で、『今、何がかかってるんだい？』って電話が来たりするんですよ。『かかってる』っていう言い方がいいですよねえ」と竹石さんはうれしそうに話す。

ある女性は、週に数日の間、隣町に住むお母さんの介護をしていて、それが終わって、自宅へ戻るその帰り道に、必ず立ち寄って一本観ていくそうだ。

そういえば、うちの娘たちは近所の小さな小さな図書館の本を片っぱしから読ませてもらって育った。

本も、映画も外の広い世界への扉。

「暗闇の中、知らない人同士が〝いっときご一緒する〟っていうのがいいんですよね。映画館はパブリックな場所なんです」

今やネットで自宅で自由に映画が観られる時代。だからこそ他者の気配とともに新しい世界に出会えるアナログな場所をまちにひとつはつくりたい。

（２０１６年11月　記）

深谷シネマ
http://fukayacinema.jp/"http://fukayacinema.jp/

みんなが走る運動会

わらしべの里共同保育所（埼玉県熊谷市）

埼玉県熊谷《くまがや》市の北部、利根川沿い旧妻沼町のネギ畑の中にある「わらしべの里共同保育所」。

どんな子どもでも受け入れる場所がほしい、と親たちが一から協力しあって、10年かけてつくってきた。大きな養蚕農家をみんなで改装した手づくりの園舎、小さな園庭にはお父さんたちがつくった高い木造のやぐらがあり、小学生の子どもたちが豪快に飛び降りる。裏には畑もある。すべて手作りだ。小さな子どもたちが冬でも裸足ではしりまわっている。親もまたそこに集い、遊び、話しこむ。

そのリーダーである所長の長谷川佳代子さん（現社会福祉法人わらしべ会理事長）は、この園を次のように表現する。

「ここは腐っても〈たい〉の会なのよ——障害児も入れる保育園にしたい、親も子どもと遊びたい、もっと広い園舎で遊びたい、踊りたい、元気な子に育てたい、動物を飼ってみたい——あれもしタイこれもしタイ、ひとりひとりがタイをもっていて、それを共有するんです。だから苦労してでもやれるんです」

多くの市民活動がそうであるように、ここもまた一人ひとりの市民の願いから生まれた場なのである。

「うちの保育所の運動会はおもしろいよー、参加した人全員が走るんだよー」（長谷川さん）というわけで、10月の晴れた日曜日、乳児の娘とともにでかけた。

昼頃にいってみるとちょうど「エイサー」を踊っているところだった。大人も子どももみんなで「イヤサーサー」と踊っている。楽しそうだ。観ている人のほうが少ないぐらい。

つづいて年長組の障害物競走。傾いた棒を登るのだが、一人ひとり自分で挑戦する高さを決めながら登る。おもしろいのはそのあとで、子どもたちの親も同じ競技をやる。笑ったり落ちたりしながら大汗かいて走っていく。保育所と学童と、子育てサークルの3つの事業があるので、いろんな親がきている。みんなが一人ひとりの子どもに注目する。みんなが声をかける。

そして最後はおまちかねの全員リレー。約120メートルを3組にわかれてリレーするのだが、一組が20人以上いる。年長の子、学童の子、大人の順番で走る。みんないい笑顔。こけてすりむく親もいる。私も走らせてもらって、バトンタッチ。

ここには、お客さんはいない。そして、一見さんの私を温かく迎え入れてくれる開放的な雰囲気……ひらかれたコミュニティというものがあるならば、こんな場所のことを言うのだろう。

メニューが全部おわったら歌をうたって終了。みんなでかたづけをする。このあと、保育所にもどって、ひとりひとり感想を出し合って、どうだった？成長した？なんて話すのだそうだ。実はそのあとがまだあって、長い夜、保育所で大宴会らしい。

共同保育とよばれる保育所（無認可共同保育所・父母運営の学童保育所など）が、全国にはたくさんあるが、長く市民公益活動としては社会的に認識されてこなかった。保育所側でも、行政による認可を選択するかどうかなど組織を公的なものとしてどのように位置づけてよいか迷いつづけた歴史がある。

共同保育は、まず一人ひとりの個人の内発的な感情（思い）に根ざしている。ここでの公共は、「私」から生まれるのだ。一人ひとりが自分の意見と感情をもつことを互いに肯定することからはじまる。内発的な感情の一つは、「困った」ということ。人は困りごとでつながることができる。共同保育の場合もしかり。

市民参画という視点から新たな公共の担い手を見直すとき共同保育所の歴史は、いわゆる社会的弱者こそが、人とつながり（社会連帯）公共を作り出してきたという意味で再評価する必要があるのではないだろうか。


（2005年　記）

再訪
「わらしべ」は、2005年に「NPO法人親子でつくる子育ての会わらしべの里」となり、活動を広げていった。法人化にあたってＮＰＯ法人を選んだ理由は、「市民のために市民から『～したい』とわき上がった使命（ミッション）をかなえるために行動し、その行動を市民が支える組織」「ミッションに共感した人が誰でも参加でき、つくっていける市民組織」であるという理由からだった。当時、ＮＰＯの運営の支援を仕事にしていた私は、ＮＰＯ法人化のお手伝いをさせていただいた。

はじめてうかがったとき、利根川沿いの真っ暗な畑の中を車は走り、私はどこに連れていかれるのだろう、と不安になったことをよく覚えている。畑の中にひときわ明るい光が見えて、ほっとしたら、そこがわらしべの里だった。まだ、昼間の子どもたちの爆発するエネルギーの「気配」がのこる園舎でＮＰＯの理念やしくみなどについて保護者のみなさんに説明させていただいた。

それから10年の間に、わらしべは、従来の保育所と学童に加え、保育所をもう１カ所運営し、子育てひろばも市から受託した。プレーパークもはじめた。そして２０１５年に、「社会福祉法人わらしべ会」を設立し、プレーパーク以外の事業は、社会福祉法人に移管した。そして、２０１６年春、20年間活動した築80年の元養蚕農家の園舎から移転し、新しく園舎を建て、認可保育所となっ

た。多くの保護者や支援者から数千万の寄付や私募債がよせられた。新しい園舎は、みんなが大好きだった旧園舎のつくりをそのまま踏襲し、広い板の間のホールに、長いテラスがついており園庭にそのままつながっていくという開放的なつくりとなっている。

社会福祉法人（社福）を設立し、認可保育所へ移行したのは、運営基盤を安定させ、もっと多くのわらしべを必要とする親子に育ちあう場を提供していきたいという理由だった。

ＮＰＯ法人から社福にすることについては、さまざまな会議で、何度も何度も話し合った。

社福の設立を決める総会の場で、最後の最後で、保護者から次のような質問が出た。

「『みんなでつくる』ができなかったときは、どうするのですか？」

そこで、法人設立をすすめてきた理事の答えは次のようなものだった。

「その時は、社福になることも、認可になることもやめていいから」

主人公は、自分たちだという意識が保護者に浸透している象徴的なやりとりだった。

では、これまでだいじにしてきた「みんなでつくる」ことをど

うとらえているか、その意味をあらためて長谷川さんに聞くと、「子どもも、大人も、気持ちのよい場所にみんなですることです」

このことを、長谷川さんは、雑誌に次のように書いている。

たしかに、わらしべの親たちは、「自分が主人公」だと思っている節があります。中には「オレの保育園」「うちの保育園」などと言いだす人もいます。――「オレの保育園」「うちの保育園」って変だよね。そこは「うちの子が通う保育園」って言うべきところだよね。でも、感覚的にはやっぱり「オレの保育園」「うちの保育園」になっちゃうんだよね――という笑い話はしょっちゅうです。ただ、おとなが、ここは自分の居場所だと思える、自分が主人公だと思える、というのは、そこで安心して自分らしくいられるとか、自分の考えを堂々と言えるようになる、ということだけではないように思います。子どもを見る目、社会を見る目、いろいろな目を養い、人にはいろいろな考え方があるということをふまえながら、自分の考えを年々深めていけるようになっていくということ。違う考えの人ともいっしょにいられるようになること。つまり、自分だけでなくみんなも気持ちよくいられる場所にしていくこと、そのためには組織はどうあったらいいかを、常に考えていかなければならない立場に自分も立つということかなと思います。

（『現代と保育』91号　2015年　ひとなる書房）

行事などは今後も、実行委員会形式でやりたい人がどんどん担い手になっていくそうだ。これまでと変わらない。

親たちが、ここは自分の居場所だと思える、自分が主人公だと思えるようになるには、「親たち自身がここで気持ちよく過ごせるようになることがまず必要」と長谷川さんは言う。

「気持ちいい」とか「楽しい」という素直な気持ちは、身体が自然な状態だと思います。自分の身体が自然な状態は、人から人に伝播していく状態でもあります。自然が失われると、身体は硬くなり、その身体を守るために「自分は自分」「自分だけ」という心の鎧ができてしまう。そうなると、五感を使って外の刺激を取り込んだり自分の感情を出したりしながら、自分の考えを深めていくこともむずかしくなってしまいます。だから私たちは、わらしべに集まって来てくれる人たちを、まずは自然の中に置くのです。一人ひとりの置かれた状況を変えることはできなくても、その人を笑わせることができます。気持ちいいと言わせることができます。楽しいと思わせることができます。自然の流れに身を任せて、いい時も悪い時も力を抜いていられるようになれば、本人の身体の中から「これでいいかな」と満足する時があります。そして、心の持ちようを変えていくことができます。このくらいのゆっくりとした時間の流れがわらしべの毎日です。（同）

なるほどいつも子どもたちはそれぞれ思うがままに過ごしている。自分のペースで動いている。「はいお昼寝よ」「はいおかたづけよ」などの大人が指示することばはまったく聴こえてこない。やらされる、ということがない。しかし、ばらばらというわけでもない。互いの動きをよく見て動いている。一日の流れをよくわかっていて、着替えも、食事の準備もかたづけも、昼寝のふとんをしくことも、ぞうきんがけも「なんとなく」すすんでいく。子ども同士、あるいは大人も子どももお互いに影響されながら暮らしている。

私も時おり、わらしべにうかがい、「深呼吸」をさせてもらっている。なにかしていても、なにもしていなくても、居心地がよい。

そのゆったりとした空気に毎回つい長居してしまう。

「子育ては親の責任でしょう!」「当事者はあなたでしょう!」といくら責めても、その人の行動は変わらない。「心の鎧」が自然にほどけていくこと、すなわち〈あそび〉が心身の内側に生まれてきたとき、気持ちは開かれていく。ことばが身体に届くようにするには何が必要なのかがここに来るとわかる。

子も大人も、人は育てるのではなく、自ら育つもの、育っていくものだということが、この園にいると素直に了解できる。かかわりあいながら、ゆっくりと待ってくれる(わかっていて、ほっといてくれる)。そんな場であれば、人は自分で変化していける。ふりかえって本人が「自分の力で成長した」と思える。

そんな場は、カリスマ保育士が一人いればできるわけではない。そんな場にし「たい」という多くの人の、日々の模索の中で結果として生まれてくるものなのだと思う。

(2016年12月　記)

社会福祉法人わらしべ会
http://www.warashibekai.jp/
NPO法人　親子でつくる子育ての会わらしべの里
http://www.geocities.jp/npo_warashibe/

愛される理由

興望館（東京都墨田区）

「セツルメント運動を起源にした施設があるけど行ってみない?」と誘われ「セツルメント」ということばの響きに興味津々、東京の下町、墨田区京島にある『興望館《こうぼう》』を訪ねた。セツルメント運動はイギリスで1880年代に始められた福祉の実践方法。在住職員を置き、地域の人々とともに、その時代の福祉課題を取り上げ、解決に向けて実践する。

1919年年設立の興望館は、保育所と学童保育、そして開放型の児童館機能をあわせもった民間の児童福祉施設で、保育所の園舎の他、一階にはホールがあり、二階は体育館になっている。館内では、ピアノやお茶などの習い事も行われているので地域の社会教育施設でもあり、自治会の総会や行政施策の説明会などもひらかれており、地域の公民館の性格も持っている。戦前から86年もの間、地域の住民と共に歩んできた。

貧困、差別、疫病の中で苦しむ住民の中へ、一人の北米宣教師夫人と山の手の有識者夫人、地元住民のリーダーの協力で事業がはじまった。建物は少し疲れているが、施設内は活気であふれている。毎日、赤ん坊から若者、お年寄りまで多種多様な住民が出入りする。

私が訪ねた日は、ちょうど週一回の地域の高齢者の会食の日。70～90代の数十人のお年寄りたちが、食事をともにする。みんなわきあいあいと、食べたり話したりしている。同じテーブルにはイギリスからの学生もいる。奉仕学習《サービスラーニング》にやってきた外国人と深いしわをもつお年寄りが一つのテーブルをかこんでいる。館長の野原健治さんも加わり近所のカラス対策をどうしようか、とニコニコ話している。

私が埼玉に住んでいると言うと、隣に座っていたおじいさんが、即座に「戦争中、大八車で子どもたちの疎開の荷物を埼玉まで運んだことがあるよ、遠くって大変だった」と話されビックリ。

興望館には、地域住民を中心に年間で1000万円近くの寄付が集まる。また、中庭をはじめ施設の手入れ、会食や子どもたちのキャンプなど多くの住民や学生のボランティアによって支えられている。話をきけば聞くほど、この施設がいかに住民にとって大事な場所であり、愛され、支えられているかがわかる。

愛される理由はシンプルだ。長い長い間、この施設が親身になって地域の人々を助けてきたからだ。住民から困りごとがもちこまれると、一緒に考え、解決に向けて実践する。食事をしているお年寄りたちも、子どもをこの施設に預けて働いてきたそうだ。助けられた体験のある住民が今度は助ける側にまわる。老いて事情が変われば、また助けられる。住民は世代を超えたつながりの中を生きている。

興望館では、職員もさまざまな仕事を担当している。学童保育の担当の若い職員が、このお食事会の担当もしていて、玄関口で「○○さんこんにちは、(孫の)○○ちゃん(学童の子)大きくなったねー」と、声をかけ迎えている。職員もこうした複合的な人の関係の中で育つ。たくさんのボランティアを受け入れている理由もここにある。決して労働力の不足を補うためとは考えていない。

住民の中から生まれた課題を、施設の中に囲い込むのではなく、課題を住民にかえし(よびかけ)、住民とともに解決することを模索してきた。それゆれ興望館には保育などのいわゆる「社会サービスの提供」に加えて、多様な人が「集う」こと、そして、他者の人生から「学ぶ」という三つの機能がうまくデザインされている。これは、多くの公共施設・福祉施設には決定的に欠けている視点ではないだろうか。

「結局自分にとって大切な人がいるかどうかってことだけですよ。それぞれの人生にドラマがあります」と野原さんは言う。

この不思議な施設を訪問した2カ月後、「官か民か」と叫ぶ「郵政選挙」があった。市場の競争にまかせるかどうかという貧しい選択肢を提示され、日本社会は大きく舵を切った。多様な人々が学び、つながるというコミュニティの視点はそこにはなかった。

「あせることはない。30年単位で考えていかないと。住民と地道につきあう、そしたら機が熟す時が必ずくる。地域で活動するってのはそういうことではないでしょうか」と野原さんは言う。

重いけれど希望がある。

（２００５年11月　記）

再訪

２０１６年夏、11年ぶりに興望館を訪ねた。

興望館のある曳舟駅周辺は、東京スカイツリーの開業以来激変中である。戦前に「スラム」の子どもを保護することからはじまった保育園も、今は近隣に大きなマンションが林立。ビシっとしたスーツで送り迎えする父母も多くなった。

館の入り口に門はあるが、閉じてはいない。以前は門すらなかったそうだ。

私が訪ねた日、門の近くでなにかぶつぶつと口にしながら立っている男性が、こちらをちらっと見た。館長の野原健治さんにその話をすると、「あ、Aさんですね」とニコニコ。近所に住む方で、数年前に心を患い、いろいろなことがあったが、いまは少し落ち着いていて、子ども好きでよく館の前に立っているのだという。

保護者からの苦情はないですか、と聞くと「いつも保護者会などで話しています。私たちは彼が発症する前から知っていて、彼のお母さんがいつも『申し訳ありません』と恐縮されていることなども伝えます。そして彼がいれば、防犯になります、とね（笑）」。

興望館にはさまざまな人が出入りしている。夏季キャンプには、学童のOBを含む数十人の学生がボランティアとしてかかわる。バザーやクリスマス祭りなども、父母の会や地域の方々が担う。そしてAさんのような近所の方々も。精神的疾患のあるBさんは、なぜかいつも築地で購入したあずき、こんぶなどの高級食材をだまっておいていくそうだ。野原さんはこうした地域の人たちの「一人ひとりの物語」を折りに触れ父母に紹介していく。

たとえば、こんなふうに。「0歳児クラスの赤ちゃんが近所を散歩すると、おじさんおばさんが路地の縁台で待っていて、今日も元気だねえ、と声をかけてくれてくれるんです。人が育つのに〝笑顔で迎えられる〟ことほど大切なことはないと思うんです」。

館の近くに一人暮らしをしていて館の前の通りを毎日掃除してくれていた「増田のおじちゃん」。病気で声帯を取り、話すことはできなかったが、子ども好きで、家の前に椅子を出して、館に来る子たちにあいさつをしていた。その増田さんのことを、保育園を卒園した一年生の女の子が作文に書いた。

「ますだのおじちゃんは、まいにち、ほいくえんにいくと、いえのまえのいすにすわって(いってらっしゃい)とにこにこしててをふってくれました。(中略)ほいくえんにいきたくなくてないていったときには、(どうしたの)としんぱいしたかおをしてくれました。そして、てをポンポンとたたいて、(がんばれ)というかおをして、わたしをおうえんしてくれました。

　ますだのおじちゃんは、びょうきでおはなしをすることができません。でもおじちゃんのかおをみていると、なにをいいたいのか、わたしにはすぐわかりました」。

しかし、卒園を前におじちゃんは亡くなる。作文はこう結ばれている。

「ランドセルをおじちゃんにみせたかったです。わたしのあたまにはますだのおじちゃんのかおがやきついています。いまでもにこにこして(いってらっしゃい)とてをふってくれているきがします」

野原さんは言う。

「うちの保育園や学童に入るというのは、ここの住人になってもらうということなんです。それはまちや保護者がどんなに変わっても同じです。ご近所づきあいをしていきたいんです。誰が子どもを支えているかは一見、わからないんですよ。人が人として育つには、頭数というか、たくさんの目や手が必要です。いろんな人がかかわっていくうちに、肩肘をはっているような保護者も変わってきます。サービスの利用者・提供者という立場を越えて、フィフティ・フィフティの対等な人間としてつきあいたいのです」

２０１６年夏、障害者施設での殺人事件が発生した。犯人が言ったという「重複障害者は生きていても意味がない」ということばが重かった。何かができるかどうかで、生きる意味のあるなしを決めてしまっているのが私たちの社会ではないのか、と。生きている意味とは、「感じる」ものだ。無条件に「自分を待っていてくれる人がいる」と感じられるかどうかではないか。そんなことを思いながら開いたままの門を後にした。

（２０１６年９月　記）

社会福祉法人興望館
http://www.kobokan.jp/

夜に学んだこと

川口自主夜間中学（埼玉県川口市）

「では次は『音楽の時間』です。私たちの学校の校歌を歌います」
ステージにずらりと並んだ、生徒さんたち、そして先生たち。誰が先生で、誰が生徒か見た目ではまったくわからない。

学ぶこと、それは出会い
学ぶこと、それは喜び
学ぶこと、それは力
学ぶこと、それは希望
あなたの涙は私の、大切な涙
悲しみをほほえみに変えて
夜空の星になる
きらきら輝くあしたを作る

川口自主夜間中学校

「埼玉に夜間中学をつくる会・川口自主夜間中学」の20周年記念集会に家族みんなで参加した。

山田洋次監督の映画「学校」で、少しだけ知られるようになった夜間中学。戦争、貧困、差別、さまざまな理由で、学ぶ機会を奪われてきた人々、社会的に弱い立場におかれている人々が、仕事を終えてから集まってくる場所。「こんばんは」とあいさつをかわし、学びあうところ。

公立の夜間中学が埼玉県には一つもなく、越境して都内の夜間中学に通っていることを知った市民が、埼玉にもつくろうと20年前に始めた運動。同時に自主的に学べる場所として自主夜間中学を開始。先生もみんな手弁当の市民。週2回、20年間、休むことなくつづけられてきた。

初めてこの川口の自主夜中におじゃました日のことを、今でも昨日のことのように思いだす。鋳物工場跡が並ぶ真っ暗なまちを歩いて、やっとみつけた公民館の明かり。ほっとして、ドアを明けると、おばちゃん、おいちゃん、不登校の中学生、外国人、さまざまな人々がそれぞれに一生懸命、学んだり遊んだりしていた。

私は18歳で田舎から一人で東京に出てきて3年目。田舎では普通の優等生。よい成績をとり、親が喜ぶ姿を見るのが目的で勉強をした。大学に入り、その目的が見事に消滅。はじめて「おまえは何がしたいのか」と自分に問い始める。自意識過剰で、アンバランスで、「生きづらい」と感じる日々がつづいていた。大学にはほとんど行かなくなっていた。

そんな私をそのままに受け止めてくれる場所が夜間中学だった。私は東京から毎週、川口に通うようになった。あるおばあちゃんは、子どもが学校からもらってきた「お知らせ」のプリントが読めなくて悔しかった経験を話してくれた。あるおじさんは、駅の看板が読めるようになってうれしかった時の話をしてくれた。

不登校がまだ今ほどポピュラーではなかった時代。昼間の中学校に行けないで、病院の精神科で薬をうたれて生気をそがれた子が親に連れられてやって来た。その子が、夜間中学でいろいろなおとなに触れて、どんどん元気になっていく姿を見た。

ひらがなを学んだばかりのオモニが、年賀状をくれたときは嬉しかった。不登校の中学生とじゃれあったり頼りにしてもらったりしながら、私は、ゆっくりと自分をとりもどしていった。

人は多様であり、それは決してマイナスではない。人は強くはない、でもだから悪いわけではない。人は信頼するに足るものだ……たぶんそんなようなことを、教えてもらってたんだろうと思う。

——ステージの「音楽の時間」は続く。中国の童謡、ビルマ（ミャンマー）語の「北国の春」、「見上げてごらん夜の星を」……いい歌ばかりで、聞いていて泣けてきた。

文字についての話をしていることがわかったらしく、娘が突然、おぼえたばかりのひらがなをつかって、せっせと家族の名前や友達の名前を書きはじめた。「大事な人リスト」らしい。その姿を見ながら、文字を覚えることとそのものも大事なことだろう。でも、どんな人と学ぶか、どんな場で学ぶかはもっと大事かもしれないと思った。

夜間中学にきていた人たちにとっては、文字を学ぶことは、人とつながることを意味していたのではないだろうか、と今にして思う。やればやるほど自分を殺し、他者から孤立していく、そんな昼間の「貧しい勉強」の対極に夜間中学があった。

あれから、もう20年。いまだ、たった一つの夜間中学さえできない。昼間「勉強」した人たちが、この社会を動かしているからだろうか。実は、その人たちこそが、夜間中学を必要としているのかもしれない。かつての私がそうであったように。

（２００５年10月　記）

追記

「夜間中学」とは、市町村が設置する中学校において、夜の時間帯に授業が行われる公立中学校の夜間学級のことで、現在、全国８都府県に35校が設置されている。

川口市がある埼玉県ではいまだに公立の夜間中学はできていない。

しかし、長年、運動を続けて来られた方々の努力の結果、２０１４年４月に、夜間中学等義務教育拡充議員連盟が結成され、「全国47都道府県に最低１校の設置」を掲げ、文科省によって初の夜間中学（自主夜間中学を含む）の調査が行われた。その結果、自主夜間中学・識字講座等は全国に３０７か所あり、約７４００人の生徒が通っているということがわかった（このうち「自主夜間中学・学級」と称しているのは全国で19校）。

この結果を受けて、２０１６年春にフリースクールに公的な予算を確保することと夜間中学を設置することの両方を実施する法律として、「教育機会確保法案（義務教育の段階における普通教育に相当する教育の機会の確保等に関する法律案）」が国会に上程され、２０１６年12月７日、参議院で可決成立した。

ただしこの法案は、フリースクールやフリースペースなど不登校の子どもたちを支援してきた関係者や保護者の間では、行政の関与と自由の保障をめぐって大きく賛否が割れた。学校は、明治以来「官のみが公という社会」の象徴的な場所である。社会で子どもを育てるという視点で考えた時、公共性のありよう（住民や行政の関与をどうとらえるかを含む）は、今後さらにきちんと議論されるべきことであろう。その上で、学校外での学びや居場所をどうつくっていくのか、社会としてトータルに子どもの育ちを支援するしくみはどうであればいいのか、さらなる議論を重ねていく必要があるだろう。

その意味で、夜間中学が公立でできたとしても、形式的に義務教育を終了している人をはじめ、制度の枠組みでは必ずしも対応できない人たちの存在もあり、学びたい人が集まってみなで学ぶという自主夜間中学は、公立の夜間中学とは別に、この社会に必要なものだと考える関係者は多い。川口自主夜間中学でも公立の夜間中学ができたとしても学びの場は継続していく予定だという。

制度の内でも外でも、人の気持ちが人を支える、そんな場がまちじゅうに点在する社会にしていきたい。

（２０１６年12月　記）

川口自主夜間中学

http://night-school.org/kawogutijisyuyakanntyuugaku.php

散歩

時折、娘たちと長時間の散歩をする。

春は、新芽の草花。軒先のチューリップ、土手のタンポポや菜の花。どれも美しい。のびるを引きぬいて夜の肴に。小さな川の鉄橋の下に降りて、電車が真上を通るのを見て足をすくませる。

初夏、田んぼの水路でザリガニを釣り、笹舟を浮かべて競争。田んぼの水面がゆれ、光が飛び散る。用水路で育つカルガモの親子が大人気で、見物人同士、話の花が咲く。

秋は、落ち葉、どんぐり、いろんなものを拾って歩く。ポケットにはたくさんの「宝物」。

冬、用水が凍っているのを見つけて、石をすべらせて遊ぶ。あったかい陽だまりで身体をじわーっとあたためる。姫リンゴの木から落ちたばかりの実を少々いただく。丸く刈り込んだ植木があると「何に見える？」「アイスクリーム！」などとおしゃべりを楽しむ。毎回、たくさんの出会いがある。だんだんとこの町との遊び方も見えてきた。

遊ぶという行為には「何かのために」という目的がない。散歩はその典型。だから効率性とは真逆で、より道するほどおもしろ味は増す。

でも、いろんな理由で変質してしまう。

先日、世界陸上選手権４００ｍハードルの銅メダリスト、為末大《ためすえだい》さんの本（『「遊ぶ」が勝ち「ホモ・ルーデンス」で、君も跳べ！』中央公論新社）を読んだ。「スタートは走りたいから走る」という世界だった。それがやがて、「走ると女の子にモテる」「走れると進学できる」という世界になった。次に「プロになればお金が儲かる」「勝てば名誉が手に入る」「有名人になれる」という世界へと変わっていった。そしてとうとう「手に入れたものを失うのが怖い」という世界が到来した。

スポーツ選手にとって勝つことは究極の目標に見える。為末さんも、長い間、「勝てなければ走る意味がない」「結果を出せるから走る意味がある」と本気で信じていた。しかし、20代半ば、走っても走っても、どんなに練習に工夫を凝らしても記録が伸び悩む。あるとき、「遊ぶ」というキーワードに出会い、世界の見え方が転換したという。

それでも走った時、別の風景が見えてきた。走る根本には、喜びがある。そのことが見えたから、競技生活晩年の僕はなかなか記録が伸びない中でも競技生活を続け、走り続けることができた。

でも時代は、まったく逆にどんどん遊びにくくなっていないか。

今「キャリア教育」という名の就職指導は、全国の大学に広がり、学生たちは毎日「将来何になるのか？」と問われ、そのために「今の時間を無駄に使うな！」と脅されている。結果、本来の学ぶことの面白さを味わうことなく社会に出て行く。今年（2013年）の流行語、予備校教師の叫ぶ「いつやるの？　今でしょ！」とは、「将来の目的に対して、今という時間を使わなければならない」という、この時代の強迫観念を象徴したことばなのではないか。私にはそう聞こえる。子どもたちの時間も習いごとや塾で細切れで、「今、遊ばないでいつ遊ぶの？」と言いたくなるのが、今の子どもたちをとりまく状況だ。大人の労働もしかり。目先の利益や給料のためにだけ我慢するものにどんどんなっていっていないだろうか。

　こんな時代だからこそ、「このことで、今、私は遊べているか？」という視点で自分の暮らしを見直すこと、そして、その象徴として、散歩を社会政策の指標にすることを提案したい。

　教育も社会保障も医療も環境も市街地活性化も「散歩や寄り道を楽しめる人を増やす」という視点で見直す。例えば、子どもが、近所で自分にとっておもしろいと思うことを見つけて、自分のペースでそれってなんだろうって考えたり、人に聞いたり、本で調べたりする、そんな時間を持てているかどうかを教育の指標にする。一人暮らしの高齢者が、あるいは子育て中のお母さんが、自宅や施設に閉じこもることなく、誰かとまちを歩き、おしゃべりができているかどうかを医療、福祉、社会保障の指標とする。アベノミクスで空騒ぎしてる暇があったら、これから私たちはどんな風景を目指すのか、描き直すことこそ、「今でしょ！」

　気がつくと美しい夕焼け。

「よし、家までよーいどん！」

「まってー!」といいながら、追いかけてくる娘たち。

「走りたいから走る」とき、人はこんなにいい笑顔になるんだなあ、とあらためて思った。

(2013年8月　記)

第4章 対話の風景

第1章で、管理型運営〈お役所運営〉の問題、サービス産業化・住民の消費者化〈お客様化〉と、その結果としての苦情の増加、そして〈あそび〉の消滅について書いた。第2章では、そんな時代の変化にたいして、私自身が地域の仲間と実践してきたささやかな試みについて記した。第3章では、私が学んできた全国、各地のさまざまな〈あそび〉のある風景を紹介し、人々の気持ちをどうひらいていくのか、そのヒントを探した。

本章では、あらためて、どうすれば多くの人がかかわる場を、魅力的な場、遊びの生まれる空間にしていくことができるのかについていくつかの提案をしたい。

1 顔を合わせる

焚き火のできるまちへ

第1章で述べたとおり、一般的に都市化するほど焚き火はできなくなっていく。人の顔が互いにわからなくなればなるほど、人は権力に頼り、ルールがつくられ、禁止の看板が立つということになる。

しかし、実は、都市部の住宅街の小学校や保育所であってもヤキイモタイムを開催できているところがある。

例えばある私立の幼稚園は、旧市街地の住宅街の真ん中にあるが、煙の一番たくさん出る落ち葉で焚き火をしても、苦情はない。30年以上地域の人々と子どもたちを見守ってきたので、園のことをよく知っている。園長が地域に信用されている。

また、学校は校長の裁量次第というところがほとんどだ。小学校などでは、長い間近隣との関係ができている。学校がやることについては、受容してもらえることが多い。まだまだ多くの地域で学校がコミュニティ施設であることを意味しているのだろう。

ある小学校ではヤキイモタイムを開催するお父さんたちが、毎月校庭で遊びの会をやっていて、校長先生や自治会の人たちにも顔をよく知られてる。私がうかがった時も、近隣の団地の自治会の方が落ち葉を集め、昔遊びの高齢者のグループが子どもたちと竹とんぼをつくるなど、それぞれに関係が

築かれていた。

まわりに新しいマンションができたばかりの公園でも、焚き火を開催することができているところがある。そこは、あるお父さんが、育休中に子どもと公園に通い、まず公園に通ってくる親子と仲良くなり、次に古くから住む自治会の方々と関係をつくっていった。その上で、市役所に連絡したところ、「近隣の了解を得られているなら」と許可がおりたそうだ。

公園を管理する市役所の人にとっても、禁止する仕事が楽しいはずはない。「ほんとうは許可したいのですが」という職員に私もこれまでなんども会ってきた。「何かあったら」の何かの一つは、苦情だ。であれば、苦情が出ない環境をつくれば、禁止する理由はなくなる。自分の管理する公園で、住民が楽しい時間を過ごしている光景を見てうれしくない職員はいない。住民にとってよい仕事がしたい、とほとんどの人は思っている。

互いの顔が見えれば、再び焚き火をすることができる。

プレーパークのように市民同士が直接のコミュニケーションをとることができれば＝顔が見える関係をつくり、互いの都合を出し合って合意するというプロセスがあれば、焚き火は案外可能なところが多い。

知らない人のピアノの音は騒音だが、知っている人のそれは、「今日も元気そうだな」と聞こえるというが、それと同じだ。知っている子の悪さは「いたずら」だが、知らない子のそれは「犯罪」だと受けとめるものだ（また、「いたずら」は性犯罪の婉曲な表現となり、本来の意味では死語になりつつある）。

知らないことが一番の不安であり、知らないから人は役所という権力に頼ることを選ぶ。逆に遊びが生まれやすい場所とは、人の顔がつながっている場所だ。

焼き芋をしようとすると、お父さんたちが、校長先生、町内会長などたくさんの人に焚き火ができないだろうかと相談することになる。そこで顔がつながって、別の遊びに発展することもある。時間と労力がかかるが、直接顔をあわせてやりとりするということをどれだけ丁寧にしていけるかが、遊ぶことを可能にする地域・社会をつくるということにつながるのだと思う。

本来、子どもにとっての遊びの場は、まち全体であるはずだ。人間が人と人の間（関係）で育つ（生きる）ものだとすれば、焚き火のできない社会は子どもにとって生きづらい社会とはいえないか。焚き火も子どもも、ともに①おもしろくて、ときに②迷惑な存在だ。それが、どう見えるかの問題なのだ。まちに対話による問題解決＝コミュニケーション（「折り合う」こと）が消失していくにしたがって、まちから子どもたちはいなくなり、閉じられた施設と有料のゲームに囲い込まれるようになったのではないだろうか。

焚き火をしたいと顔をあわせ、ともに食べて、火を囲む。人柄がわかり、信頼関係が生まれたら、次になにかしていくことができる。多少のトラブルも、許容してもらえる関係になっていく。

「♪垣根の垣根のまがりかど」の童謡にあるように、人と人の関係があるところでは、焚き火ができる。

2 「対話」の時間をもつ

プレーパークという試み

「負う」責任、「とらされる」責任

第1章で見たとおり、この半世紀、大人たちが禁止の看板を立てて、自分のせいにはされたくない、自分の責任ではない、と言っているうちに「子どもの時間」はどんどん削りとられ、息苦しいものになっていった。

そんな社会の大きな変化に対して、この20年あまり、全国にひろがった市民活動が「プレーパーク（冒険遊び場）」だ。現在、全国400カ所以上で定期的にまたは不定期に、あるいは常設の場所として開催されている【＊1】。

私自身もいくつかのプレーパークにボランティアや運営者の一人として参加してきた。同じく第1章で紹介した「埼玉さんまBOOK」には、プレーパークの現場で聞いた声として、こん

【＊1】 特定非営利活動法人日本冒険遊び場づくり協会のホームページに、プレーパークの概要と全国のプレーパークの開催地が紹介されている。http://bouken-asobiba.org/

な子どもたちの声も掲載されている。

「こういうのでケガをしたときってさあ、ココの人は責任取れんの?」

「責任取れないんだったらさあ、俺の代わりに材木とかを全部切ってよ」

以下、「責任」をキーワードにプレーパークという新しい遊びの場、新しいみんなの場のありようについて考えてみたい。

プレーパークには、禁止の看板のかわりに、月、火、水、木、土、日がある(お金はない!?)といわれ、「道具」と「お金にかえられないもの」がたくさんある。食べ物や廃材、ロープなど「普通、公園にないもの」がある。各地のプレーパークを訪ねると子どもたちの実にいきいきとした笑顔と、どろどろの服や手足を見ることができる(各現場によって、火や水の使用などそれぞれ状況は異なるが)。

単純に、土や水や火で遊べる野外の遊び場というわけではない。子どもたちが自分で決めて、自分でやってみる自由を保障しようとする試みである。プレーパークに来て、何をするかはその子自身が決める。ゆえに、何もしないということもだいじにしている。

またプレーパークは、基本的には子どもの遊びの場ではあるが、子どものためだけの場所ではない。プレーパークには子ども同士のトラブルなども含めて、子どものすることの一つひとつを、見守ろうという雰囲気がある。初めてきた親は子どもの後ろにくっついて、一挙手一投足に神経をつかっている。

しかし、子ども同士が道具のとりあいをしていてもその様子をゆっくり見守るスタッフの様子をみて、「あ、いいんだ」と気づいていく。密着していた親子もだんだんと離れ、子どもが泥水でねころんでいるそばで、親はお茶をのみながら笑って雑談していたりする。

「ここはほんとうに気を使わなくて楽です。ここにくるとダメと言わなくてもいいので、ほっとします」というお母さんの声が聞かれる。

プレーパークにはいろいろな子がやってくる。障害をもった子もいる。家庭環境がきびしい子もいる。しかし、不思議なことに遊んでいると、その子が障害をもっているなどわからないことも多い。あとでその子が特別支援学級に通っていることを知ってちょっと驚く、というようなこともよくある。また、そんな普段の場では、「やっかいもの」扱いされている子たちなので、その子の親たちにとってもだいじな場所になっていることが多い。ここでだけは「問題児」扱いしなくてもいい。遊びの場では、障害の有無に関係なく、基本的に（大人にとっては）「問題行動」だらけなのだから。

ときには子どもの避難所（アジール）となったり、いのちの最後のとりでとなる時もある。

プレーパークの多くは、都市の公園で開催されている。すでに見てきたように、公園は、公共施設の中でももっとも多くの苦情が役所によせられる場所だ。苦情が一つよせられるたびに、一つずつ禁止の看板が増えていく。結果として公園はどこでも「誰にでもひらかれているがゆえに、誰にも愛されない場所」になってしまう。ではプレーパークの運営者たちはどのような方法で、公園を魅力的な場所にしているのだろうか。

住民がつくったプレーパークには、プレーリーダーと呼ばれる有給のスタッフや運営を担う世話人（ボランティア）がいる。その役割は、主役である子どもたちが、やりたいようにできる環境をつくること。廃材などの遊びの素材を用意したりもするが、「縄跳びの時間」というようなプログラムやメニューは基本ない。とにかく子どもたちの様子をゆっくり見守る。安心してそれぞれがすごせるように気を配る。

「こんな遊びをさせていいのか」

「でもその体験もさせてあげたい」

それぞれのプレーパークにかかわる大人たちが、日々、悩み、話し合いながら、運営している。議論の中から、共同で責任をもつ自覚が生まれていく【＊2】。

プレーパークでは、禁止の表示のかわりに「自分の責任で自由に遊ぶ」という看板が掲げられていることが多い。この場合の責任は、直接的には、ケガを含めてそこで起こった出来事（結果）を、自分がひきうけるという意味だ。そういう責任のあり方の前提には、自分で決めたという自覚が必要だ。長年、プレーパークをつくることを全国に呼びかけてきた天野秀昭さん（日本冒険遊び場づくり協会理事）は次のように言う。

「『なにかあったら責任とれるの？』『あなたが責任とれるわけじゃないでしょ』（中略）あらゆる場面で使われるこうした言葉は、決して相手をはげます時には使われない。相手のやりたいことを制限し、止めさせるときにこそその力が発揮される言葉だ」。しかし「本来「責任」は負うものとして自覚される必要があると思っている。（中略）人はどんなときに『負う』責任を感じるだろうか。それは『やりたいことをやったとき』だと僕は確信している。少なくとも人は自分がやりたくてやったことで起こる顛末については、それが誰のせいでもなく自分の責任であることを痛感する。（中略）そしてこのやりたい気持ち、それこそがまさに『遊び』なのだといえる」

（日本冒険遊び場づくり協会ニュース22号より）

大人たちが「とらされる責任」におびえるとき、そこに遊び（リスクをとる気持ち）の火は消える。プレーパークにあるのは、「やらす」「やらされる」ではなく、「私はこうしたい」「だからあなたも一緒に考えてくれないか」というよびかけだ。プレーパークでは、誰かのせいにすることをやめ、かわりに、みなで意見を出し合いながら、その問題に正面から向き合う。自らその場の責任をおうと決意することによって、生まれてきた空間といえる。

そして互いの都合や気持ちをつきあわせて、折り合いをつけたり、別の解決策をともに模索するプロセスがある。

【＊2】『気がつけば40年近くも続いちゃってる、住民活動の組織運営。』（NPO法人プレーパークせたがや　発行）には、住民が共同で責任を持つ場のつくり方や会議の様子について詳しく紹介されている。

苦情は、「出会い」

「コミュニケーションによる問題解決」は組織の内部の問題だけでなく、外部との関係でも同じだ。

プレーパークの運営者・スタッフの大きな仕事は、近隣との関係づくりだ。前節の焚き火のできる条件で述べたことと重なる。常に近隣の住民とやりとりし、コミュニケーションをとっていく。

それでも住民からは様々な「苦情」がよせられる。どなりこまれたりすることもある。

第3章で紹介した北浜こども冒険ひろばの宮里和則さんの「何か言ってきた人のほとんどの方とは、友だちになれる」【136ページ参照】ということばを、私は多くのプレーパークの運営者・スタッフから聞いてきた。「苦情」から始まる対話もある、と。いや、直接に寄せられた「苦情」こそが、対話の芽となる、と。

スタッフは、まず、その声にしっかりと耳をかたむける。時間はかかっても相手の都合や気持ちを十分にうけとめる努力をする。その上で、なぜこの遊び場を開催しているのか、自分（運営者）の思いをつたえる。互いの都合をつきあわせ、折り合いをつけていく。

その地道なコミュニケーションの積み重ねがあって、はじめてプレーパークは成り立つ。

1979年に世田谷区の羽根木《はねぎ》公園で、日本ではじめてプレーパークをはじめた住民は、「もし区に苦情が入ったら、ぜひ、その方に直接現場にきてもらって、話したいと伝えてほしい」と区の担当課にお願いしたそうだ。

プレーパークを運営する人々には、可能なかぎりコミュニケーションによって問題を解決していこうという決意がある。それは少しおおげさに言えば、ベーシックなところで人に対する信頼があるとも言える。

その結果として、こんな子どもたちの声が聞かれる。

「たまに来る6年生の男の子が釘で遊んでいて、はねた釘でおでこにかすり傷を負ったので、手当をしました。顔だったので、私から家の人に伝えておこうよと言ったのですが、拒絶されてしまい、『怒られないように伝えるから』と言うと、『自分でやりたいことをしてケガをしたのに、プレーパークの人に謝らせるわけにはいかない』と言われたことがありました。彼は、私の想像よりも、ずっとずっと上を行っていたのでした」

（『埼玉さんまBOOK』より）

「おれ、ここ（プレーパーク）の大人は信じれる。『何で（ダメなの）？』って聞いた時に『常識だろ』とか、『きまりだから』とか言わずに、自分の言葉で考えをぶつけてくるから。」

（同）

ここで遊んだ結果として育つのは、私がこの社会をつくる当事者なのだという自覚だろう。プレーパークは、子どもも大人も、消費者としてではなく「市民」として育つことができる場なのだと思う。

プレーパークという市民活動が教えてくれるのは、じっくり対話することの価値だ。

対話が成立する場で、人は自由になれる。遊びが生まれる空間には、かならず対話がある。

3 ともに「揺れ」る

「保育」をささえるもの

「同じ住民」として

さて、プレーパークのほとんどは、基本的に子どもが自分の足で、自分の意志でやってくる場所だ。だから、もしケガをしても、その責任は自分が負うという自覚は持ちやすい。しかし、親の都合で子どもがやってくる「預かり」の現場では、問題は複雑になる。子どもが自分のしたことの結果を自分で負うことがむずかしくなる。仮に、自分がやったという自覚を子どもがもっていても、大人の世界では、「誰が責任をとるのか」という話になってしまう。

しかし、ここでも「対話」の有無が、遊びの環境を保障するということについては同じだ。保育すなわち、子どもたちが遊びの中で、豊かに育つ場所にできるかどうかは、預ける者と預かる者のコミュニケーションのありようにかかっている

第1章で保育所の変化を「託児」と「保育」ということばで整理した【42ページ参照】。

安全管理が最大限に求められる託児の現場で、コトがおこることを許容する関係（保育）はどうすれば成立するか。結論からいえば、それは保護者と保護者、保護者と保育者がどこまで「近くなるか」に

かかっている。ありていにいえば、信頼関係ということになるだろう。

平成がはじまったころ、短い期間だったが、私は父母会が運営主体となっていた共同保育の学童保育で指導員として働いていたことがある【129ページ参照】。その時、子どもたちの外出が問題になった。小学生も3、4年生になると友達の家に遊びに行きたい、というようになる。その時、子どもたちの安全を守るための場である指導員としてどう対応すべきか、日々、悩んだ。

そこで父母会に問題を提起し、指導員としての意見を述べ、保護者との合意点をさぐった。保護者の意見もいろいろで、「それは安全管理上の問題で困る」という意見から、「親がうちにいる家と同じように外出させてやりたい」という意見までさまざまだった。

この時の結論は、具体的に外出する時のルールをつくることで外出を可能にしていった。

当時、公立の学童保育などでは、これは退出扱いとなるところが多かったが、それは、施設の中で子どもを管理することを目的としているからだった。この学童では、学童が単に安全を管理するところではないという合意が、学童の父母の間で成立していたから、外出も可能となっていたのだと思う。いまから考えると、ルールづくりの中に、親も指導員もある程度のリスクへの覚悟をするということを含んでいたと思う。

託児と保育の間では常に議論が揺れる。しかし、その「揺れ」を保育者と保護者がどれほど共有しているかが、子どもたちの生活環境、つまり保育の質を決めていく。

ケガだけをとりあげれば、それは「託児」すなわち安全管理という約束からははみでた行為として、利用者である保護者からその責任を問われることになる。しかし、何かに挑戦しようとして起こってしまったとみれば、それは成長の一里塚。その微妙な際《きわ》を現場の保育者たちはいつも歩いている。普段から保育者と、保護者同士がよく話し合って、保育で何をめざしているのか、子どもが育つためにはどんな環境が必要なのか、その認識（あるいは感覚）が共有されていれば、ケガそのものが問題になることは少ない。

「揺れ」を共有し、保育スタッフ・保護者の双方から保育内容についての悩み・問題を提起し、保護者がともにどうあるべきかを考える、そんな場が公式・非公式に保育所の運営の中に埋め込まれていることで、はじめて保育は可能になる。日常的に起こる「ヒヤリ」とする感覚を保護者と保育者が共に感じられる距離にいるかどうかなのである。

保育所などでは、よく「保護者と保育者の信頼関係がだいじ」と言う。では信頼関係とは何だろうか。私は、「人として話し合える存在だとお互いに思えている状態」だと考える。

一般には、信頼関係があるとは、「私たちは同じ方向を向いている」と思えていることだと考えがちだが（例えば「保育観が同じかどうかです」などと保育業界では言う）、「同じ」といってることは、実は相対的なものだ。厳密に言えば一人ひとり違うし、おおざっぱに言えば似たもの同士だったりする。違うと思っていたら一致して喜ぶこともあれば（共感）、同じと思っていたのに、ずれがわかって驚き、ぎくしゃくすることもある（違和感）。もし、ずれたと感じたとしても、そのことについて率直に話し合える関係が相手との間にあると感じられている時、人は安心して何かに挑戦することができる。

そして、そんな関係を支えているものは、互いに人として一緒に暮らしているという実感なのではないだろうか。意見や立場が違ったときに、それでも相手の声に耳を傾けようという気持ちは、その人と生きているという感覚がなければ生まれてはこない。サービスの受け手、出し手を超えて、ともに、という感覚を両者がもてるかどうか。興望館の野原さんのことば【192ページ参照】を借りれば「同じ住民として」という感覚である。プレーパークを支えているのも、この感覚である。

しかし、システムや規則が最優先になる場では、この感覚が薄れていく。それは遊びの質の低下を招くと同時に、安全性もあやうくする。

保育所の保護者会時代に、保育者と保護者の関係をどうすればよくすることができるか、市立保育所の保護者会連合会でさまざまな取り組みをした。その一つが、保護者の全世帯を対象にした「あるあるアンケート」だった。

こんな質問をした。

「Q　朝、ついつい測らずに『連絡帳』に体温を書いてしまったことが、ある?」

ある、と答えた保護者の割合は7割近くに及んでいた。当時、保育所では子どもの体温が、37・4度を超えると預かってもらえないということになっていた。

アンケートにはこんな声が寄せられた。

「一律に、○○度になったら、帰るようにといわれたことがあって、ほんとに困った。そうなると次は、ちょっと低く書いてしまったりしたこともある」「ほんとはいけないと思ってるんだけど……」

私たちは、機関紙で調査結果を報告し、次のように保護者によびかけた。

調査結果について、調査実行委員会ではこんな議論をしました。

――測らずに書いてしまうことはもちろんよいことではない。でも、もっとよくないのは、仮に子どもの体調がよくないときに、それがちゃんと先生に伝わらないこと。表情や様子を見て、一緒に相談できる関係になりたいですね。例えば、「午前中だけでも出なくてはいけない仕事があるんです。何かあったらすぐ連絡もらえますか」と言える。逆に先生も、「ここは子どもの事情を優先してあげて」って保護者に言える。互いに、事情を正直にちゃんと話せる、そんな関係であれば、子どもにとって安全で安心な状況ということになる。逆に、ちゃんと伝えるべきことを伝えずに、子どもが「気にかけてもらっていない」状況が生まれたら、それは危険な状態ということ。（中略）大人達がちゃんと協力しあうときに、子どもにとっては一番安全な環境ができるのではないか。

でも、そんな協力関係はすぐにはできないから、少しずつお互いに努力して積み重ねてつくっていくしかありません。すれちがったら、その時点ですりあわせていくしかありません。

アンケート結果には、賛否両論あると思います。また、『こういう質問自体、先生との関係をつくるのにプラスにならないのではないか』というご意見もあるかもしれません。ただ、もしこういう事実があるならば、それをふまえて『何がだいじなことか』を、話し合う必要があるのではないか、と私たちは考えました。単純に誰が悪いという話ではなく、何をすることが、子どもたちの育つ環境を安全で安心なものにしていくのかを話していきたいですね。

（杉の子連合会ＮＥＷＳ！　２００９年度２号）

規則やルールだからではなく、コミュニケーションの中で問題解決をしていこうとする姿勢が、互いの信頼を育てていく。相手も人間と感じられれば、仮に失敗があっても、赦していける。「プロでしょ」「仕事でしょ」という言い方ではなくなる。

普段から立場を超えて人と人としての多様な関係をもっていれば、問題が起こったときにも関係が切れることがない。ヤキイモをしませんかと私たちがよびかけて来たのも、立場を超えて、相手が人に見えてくるための機会を、少しでも増やしたいからだ【第2章参照】。

制度やシステムがあれば、託児サービスは成り立つかもしれない。しかし、それでは、子どもの豊かな時間、そして、成長は十分に保障できない。どの方向に向かっているのか、を話し合える関係があるかどうかが、現場の保育の質を決めていくのだと思う。そうした関係は、最初からどちらかが結論をもっていては、つくることができない。やりとりをしながら、ともに考え、悩み、動くとき、つまり、「ともに揺れる」ときに結果として生まれてくるものだ。

「多対多」で生まれる学びの時間

とはいえ、安全性のともなう議論は、「預かる」側からもちだすことは非常にむずかしい。ゆえに保護者同士が議論できる環境をつくることが保育には必要だ。保育者と保護者が共同で責任をもって、保育の中身を決める環境が必要なのだ。この点で父母会運営などによる共同保育所・学童保育所は、経営的には苦しくとも保育の質としては大きな可能性をもっているといえる。

例えば、次のような場面。

数年前、私の娘が通っていた学童保育所の保護者会で、塾やそろばんなどの習い事についてどう考えるかが話題になったことがある。保護者のなかでも、とても関心が高く、さまざまな意見が出た。

「学童から子どもだけで行かせたいという意見もあるが、みなさんはどう思いますか?」

「安全を確保するために預けているわけだから、一人で出かけるのはないだろう。私は不安」

「学童をいったんでたら、それは帰宅したものとみなすべき、子どもたちだけでの帰宅はうちでは禁止している。塾も同じでは?」

「しかし、それもあって、高学年になると、塾や習い事を優先して学童をやめるという子も出ている。そう思うと、学童から行かせてやる方法はないものかと思う」

「学童以外の子は、学校から家に帰って、遊んで、そろばんにいって、帰ってまた遊ぶのは、ごく普通のことで、習い事にも一人で行ってる。子どもの立場にたって考えれば、当然だろう。私たち親は、親の都合で学童保育を選んでいる。なるべく子どもの立場に立って考えたい」

「何をするにもリスクはともなう。リスクゼロはないのだから、私たちがどんなリスクをとって、何をとらないのか、具体的に一つひとつ確認していくことが必要ではないか」

この学童は、現在、保護者とそのOBおよび指導員が役員をつとめるNPO法人が市の委託を受けるという形で運営されている(現在私はその理事を務めている)。

10年前法人化するまではいわゆる共同保育(父母会運営)で、指導員の雇用もすべて父母会で行っていた。会話にもあるとおり、ここでは保護者は責任を負う主体である。どのリスクをとって、何を保障していくのかを自ら決めていかねばならならない。

保護者は、こうしたルールづくりの議論を通じて、我が子のみならず子どもたちがこの地域で育つにはなにが必要かを考え、学び取っていく。そして例えば生活道路に車が立ち入ることの制限など、学童保育所だけでは解決がつかない、がしかし取り組まねば子どもの育つ環境がつくれない、という問題認識を持つことができる。

別の月の保護者会では、保育中におこった骨折事故についての議論になった。指導員からベランダの柵から落ちたとの状況説明があったあと、ケガをしたときにしていた遊びを禁止するか、しないか、子どもたちはどう考えているのか、さまざまな意見が出された。

「いっそのことケガのあったベランダの柵をとって、板をはって壁にしてしまうか」

「落ちても大丈夫なように、下にやわらかいマットをおいたらどうか」

「いや、子どもたちにもう少し考えさせていったほうがいいのではないか」

「全部禁止にしたら『学童、つまらない』ということになるのではないか」

話し合いは深夜にまでおよんだ。結論としては、子どもたちと指導員の間の話し合いに委ねていこうという、ごく当たり前のものだった。

しかしふりかえると、そうして、話し合っている時間は、結果として、子どもたちにどんな放課後を過ごしてもらいたいか、どんな体験をしてもらいたいかということを話していることになっていた。

指導員と保護者が一対一ではなく、保護者同士が話し合い、異なる意見を聞きながら自分の意見を修正していくことで、会議は「みんなで学んでいく時間」「みんなで育つ時間」に変わっていく。保護者も指導員も「一対一」ではなく「多対多」になることで、自分とは違う意見に触れ、自分の考えを揺らせていく。それはなかなか大変な作業だが、しかし、そうして簡単に禁止にせず、真剣に考えてくれるという保護者たちとの信頼関係は、指導員にとっては大きな力になる。

ただ管理し、禁止していくことが保育ではないことを保護者たちも理解してくれているという実感がなければ、リスクのともなう遊びや子どもどうしのトラブル＝子どもたちが主体的に生き、他者とともに自ら育つこと＝を、じっくりと見守ることはできない。

こうした学びは、保護者が運営に参加し、指導員が子どもの立場にたって保護者に問題提起することなどから生まれる。

この学童では、毎月保護者会がひらかれ、その中で指導員はさまざまな子どもたちの状況を、エピソードをまじえ、物語りとして伝えていく。そして必要であれば、一緒に考えてほしいと問題を提起をする。そんな繰り返しのなかで、サービス利用者として入った保護者が、いつしか共同の子育ての主体として育っていく。

保護者会では、指導員が子どもの実名をあげて、さまざまな出来事を報告する。

ある月の役員会では、そのことが話題になった。

「指導員さんの子どもへの対応の仕方だけを聞くなら、実名でなくA君、B君でもいいのかも」

「仮名だと、何を話されているのかわからないから関心がなくなるかも」

「私も最初驚いたけど、名前を聞いてると、あとでその子に声かけられたり、親と話せたりしますよね」

「でも、名前を出されてびっくりするお母さんの気持ちもよくわかる。なるべく事前に了解をとるなど、丁寧に対応したほうがいいのでは」

「たくさんエピソードを聞いてると、その子もかわいくなる。何年かして『あんなことあったのに、こんなに成長して』とかって言えるようになるといいな」

こうして、互いの子どもの様子を知り合っていく。同時にその子への対応を通じて、指導員が日々なにを目指して保育をしているのか、を実感をもって知ることができる。

保護者は子どもを預ける必要があって、学童に出会う。積極的に選びとった場所ではない。しかし、毎月、こんなやりとりをする中で、他の親のことばに耳を傾け、おそるおそる自分の考えを話し、キャンプやら草刈りやらの作業を重ねていくうちに、サービス利用者から少しずつ、親として、場をつくる当事者として、あるいは、地域の人(おばちゃん、おじちゃん)として育っていく。自分の子だけを見てきたお母さんが、まわりの子に目がいくようになる。地元に知り合いがいなかったお父さんが、子どもたちから名前で呼ばれるようになっていく。

子育てを「私の責任」として閉じこめず、「私たちの責任」としてとらえなおすこと。他者から課される義務としてではなく、そのことを自ら負うという意味での責任感を育むこと——。負うことは、自分たちなりの子育てができるということであり、それがよろこび=エンパワメント【*3】として自覚されることでもある。そのことに気づいた親たちが、こんどは、学童の運営の担い手になっていく。

以上のように、保護者と指導員(いわゆる有給職員と利用者)が「共同で運営」することは、共同で子育

【*3】 個人や集団が、自分(たち)が自分(たち)のまわりの環境を変えていくことのできる存在(主体)だと思えるようになっていくこと。

てしていく、子どもの育ちを保障する保育する、という意味で、手間はかかるものの、非常に理にかなったものだった。

だった、と過去形で書いているのは、今日の保育現場の状況は、よりいっそう厳しくなっているからだ。こうした議論自体が理想論として受け止められるほどに保護者も参画しての運営は、難しくなってきている。

指導員が保護者会で「○○ちゃんが……」と子どもの実名をあげて報告し、話し合える学童は、私がたずさわる法人が運営している36の学童保育所の中でも、数少ない。以前、そうできていた学童でも、できなくなりつつある。少しでも子どものマイナスの情報が含まれていると「他の保護者がどう受け止めるか不安だ」と当該の保護者の許可を得られず、保護者会での報告を断念する場面も増えている。

そうなると、「いまこんな遊びをしています」というあたりさわりのない保育報告になっていく。そういう保護者会は「考える時間」がない。すなわち「おもしろくない」ので、「忙しいのになぜ月に一度も集まって保護者会を開かなければいけないのか」という負担感を訴える声がだんだんと大きくなっていく。とにかく手間をかけないことが優先され、一緒に悩み、一緒に働く時間が減っていく。そうして、会う回数が減り、話し合う場がなくなると、いよいよ人は孤立し、「自分は損をしているのではないか」という疑心を生み、いきなり市役所に苦情の電話をしてしまう保護者も出てくる。

対話の場は、多様な意見があってこそ成立し、学びの時間となる。その結果、共同で責任をもつことができる。しかし、より多数の保護者がサービスの消費者であることを望むようになり、子どもの目線で語れる保護者がいなくなると、おとなの都合ばかりが語られ、対話の場にすることが難しくなっていく。結果として、とにかくケガをさせないこと、ケンカをさせないこと、が優先される場所になっていく。指導員からリスクのともなう遊びなどについて議論すると、「では先生が責任とってくれるのですか」と言われ、萎縮していく。結果、子どもの都合は顧みられず、「豊かな子どもの時間」＝子どもの遊ぶ権利、育ちに必要な環境の保障はいよいよ危うくなっていく。

次節で述べるキャンプに関する活動も、これまで言語化せずとも「多対多」が生まれる場だという感覚で行われてきたことだ。感覚は経験を重ねていくことでしか持つことはできない。ではその経験はどうすればできるのか。それをあらたに考えていかなければならない時代を迎えている。共同でつくりあげていくこと、議論を重ねていくこと、どんなデザインをすれば、それができていくのか。今、私たちも模索している。

「お金が足りない、どうしよう」「ケガが起こってしまった、どうしよう」「先生が辞めたいといってる、どうしよう」……運営を共同ですることで、保護者は互いの子育てや暮らしを重ねていくことが「結果として」できていた。しかし今、運営を共同ですることは、多くの保護者にとっては強い負担感が先に立つようになっている。かといって、保護者を単なるサービスの受け手、お客さんにしておいては、苦情というものの言い方を増やし、それぞれが一人でがんばってしまう暮らしになってしまう。

新しい参加・参画のありようを考える時にきている。

わらしべの里共同保育所【183ページ参照】のように、経営は社会福祉法人で行うが、子育ての共同性を、だいじに育んでいくにはどうしたらいいかを新たに模索していこうとしているところもある。

また、保育に限らず暮らしネット・えん【169ページ参照】のように、さまざまな分野でみんなで問題を共有し、解決していく、みなが当事者であるという意識を育てるという意味でＮＰＯ法人として社会事業を展開している組織もある。

母親たちの自主的な活動から生まれた子育てひろばなども、創設世代はすでに狭い意味での子育て当事者ではなくなっている。ぶりっじ＠ｒｏｋａ【143ページ参照】が「気まずくなれる」場所であることをだいじにしているのも、安易に「ルールだから」ではなく、今日ここに居る人で場をつくろうという呼びかけであり、場に起こることをまず受け止め、さてどうしようかと考えるというその感覚を育てていく試みととらえたい。保育や子育ての施設に限らず、「サービス」の現場にどんな呼びかけや環境を用意することができるのか、そこを考えていきたい。

なんのための事故防止？～「何かあったら困るので」再考

「はじめに」で触れた「何かあったら困るので……」。このことばが出てくると、みなひるみ、思考を停止する。ふくらんでいた「遊び心」もあっという間にしぼむ。ゆえに、もう一度だけ掘り下げて具体的に考えてみたい。

これまで何度も書いてきたとおり「何か」とは、一つは重大事故などの簡単に解決がつかないトラブル。もう一つは苦情、言い換えれば「誰のせいか？」「自分の責任を問われるのではないか」という恐れだ。

前述のとおり、私が理事として参加しているＮＰＯ法人の学童保育所は、共同保育の歴史を受け継ぎつつ事業体としての運営を安定させるため10年ほど前に統合してＮＰＯ法人となった。２０１６年現在、36の学童を市の補助金や利用料で運営している。組織が大きいこと、各学童でのこれまでの運営の歴史などもあり、「みんなで決める」をどうデザインしていくか、現在も日々模索している。各学童には保護者自身が組織する保護者会がある。単なる利用者の会ではなくキャンプをはじめ、保護者が参画する行事は、法人化以前の保護者会による学童運営時代から、学童ごとに指導員と保護者と子どもたちによって企画・実施されてきた。子どもたちにこんな経験をして欲しい、子どもたちとこんな時間を過ごしたいという想いがある。

その学童で、近年、保護者からこんな声が聞かれるようになってきた。「保護者が参加してのキャンプで、何か事故があったときに、誰が責任をとるのですか？　法人は責任をとってくれるのですか？」。背景には、指導員、保護者の野外活動についての経験の不足などから来る不安と、そして「自分のせいになったらどうしよう」という本書で何度も触れてきた恐怖心がある。

私たちは、あらためて法人として、事故、事故防止についての考え方および、責任とは何かについて、整理する必要があると考え、２０１６年現在、議論をしている最中だ。

以下は、私が法人の会議で提出した議論のためのたたき台の一部である。長くなるが、責任をめぐる議論で避けることはできない視点を含んでいると考えるので、引用したい（法人として決定したわけではなく、あくまで西川個人の見解である）。

■学童行事における「責任」についての考え方についてのメモ（一部抜粋）

まず、保護者が学童の運営に参加・参画してきたことの意義をあらためて確認し、その上でキャンプの定義付けをおこなった。

1　各学童での保護者参加でキャンプを実施することについての意義・法人としての位置づけ

(1) 昨年度の特別委員会の議論で、当法人の運営による学童保育所の保育および活動は以下のように分類されると整理しました。

A　通常保育（放課後と一日保育）

……支援員（指導員）が中心に企画実施

B　所外保育

……支援員が中心に企画実施・保護者は補助

C　キャンプなど

……保護者と支援員で企画実施

D　保護者会活動（餅つき・歓送迎会など）

……主に保護者が企画実施

E　保護者会・役員会

F　保護者の有志の活動

一般的に学童保育事業は通常**A**（と一部**B**）を指します。しかし**A**の「質」は、他の**B**～**G**によって支えられています。当会の学童の質は、保護者が指導員（支援者・法人）まかせにせず、保護者も子どもたちにかかわる**B**から**F**があって、つくられてきました。**E**の役員会、保護者会があることで、いろいろな問題があっても、みんなで考え、みんなでつくる学童にしてきました。そこでできた信頼をもとに、支援員は毎日子どもたちのサポートをしていきます。

⑵ **C**のキャンプ等の保護者が参画する行事は、法人化以前の保護者会による学童運営時代から、学童ごとに指導員と保護者と子どもたちによって企画・実施されてきました。

各学童の支援員・保護者が、子どもたちにこんな経験をして欲しい、子どもたちとこんな時間を過ごしたいという想い・志によって、行われてきました

⑶ 法人は以下の２つの理由でこのキャンプを推進しています。

①普段の保育では体験できないような自然とのかかわり・体験ができます。

②一定時間を共に過ごし、遊び、食べ、寝ることで普段の保育では得られない人のつながりができ

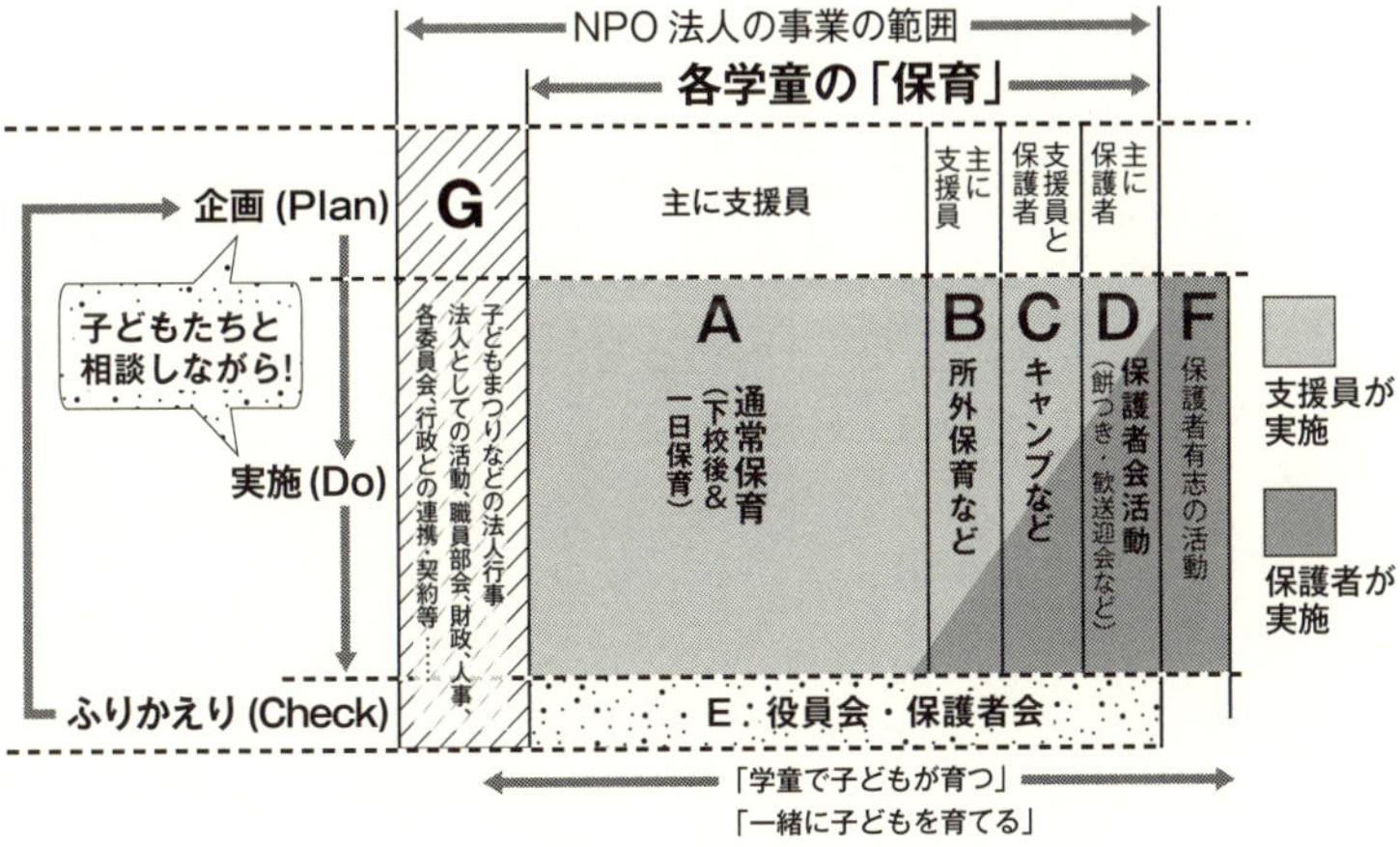

ます（自分の子以外の子との関係＝ナナメの関係や保護者同士の関係）。

(4)法人は、２０１６年度より次の３つの条件のうち２つ以上を満たすものを「キャンプ」とし、その実現を支援するため各学童に実施のための補助を行っています。

・所外（自然）活動がある（登山や川遊びなど普段体験できない遊び等）

・自炊（子どもたちが調理に関わること）

・宿泊

そして以上のように、保護者と指導員で共同で責任を持ち合ってきたことを確認した上で、次に事故が起こったとき、どんな場合に事後責任（過失等）が問われるか、について整理した。

２ 事故についての考え方と、重大事故が起こった場合の責任について

(1)活動の中で生じる小さなケガやトラブルなどについては、子どもの成長にとってだいじな体験の一つであると考えます。やってみたいという気持ちが、「おもしろい」につながり、その結果として子どもの心身の成長を促します。すべてのケガやトラブルを排除しようとすることは、不可能であり、つきつめると「なにもしないほうがよい」という結論にもつながります。

(2)一方、死亡や後遺症などが残るような「重大事故」については、絶対に起こさないようにしなければなりません。そのために必要な準備、体制を整える必要があります。整わないままの実施は、法人としても許容できません。

(3)万が一、「重大事故」が発生した場合、事故の原因が主催者側にあれば組織としての「責任」が生じます。

(4)この場合の責任とは、刑事責任(懲役などの処罰)と民事的責任(賠償)および道義的な責任です。保険はそのうちの金銭的な賠償の一部ということになります。

(5)責任は、企画、準備、実施の各段階で、必要な事柄について、配慮・準備・対応をしなかった場合に「過失責任」として、発生します。過失責任とは、危険予見義務および危険回避義務などをさします。(詳細は日本キャンプ協会「自然体験活動におけるリスクマネジメント——指導者の責任と義務を中心に——」などを参照)→ ボランティアでの企画や参加であっても、キャンプを安全に行うために必要な当然の措置(後述)が講じられていないと判断される場合には、その過失についての責任が問われます。

(6)学童のキャンプの場合の「主催者」とは、各学童のキャンプを実施することを企画立案し、実施にかかわった人または組織です。(キャンプ実行委員会や、当日、実施にかかわった指導員と保護者の双方)

企画立案にかかわった人、当日参加し活動をともにしている人、それぞれが、すべきことをしていたかどうかが問われます。責任の重さは、企画、実施それぞれの段階でのかかわりの度合いで違います。

例えば、一参加者としてキャンプに参加していた保護者であっても、目の前の子どもが明らかに重大事故につながりかねない行為をしていたときに、注意をするなどの安全確保のための行動をしなかった場合、過失責任をとわれる可能性はないとはいえません。

(7) 法人は、キャンプを含め、各学童で行われるすべての公式の活動についての「管理責任」を負います。

管理責任とは、現場で活動する者（主催者）が安全に活動するために必要な施策を実施することであり、事故の原因がこの施策の欠如にある場合は管理責任が発生します。

具体的には、例えば、主催者が実施内容について安全を確保するために必要な準備がなされているか、体制が組まれているかどうかのチェックやそれを学ぶ機会（研修や意見交換等）の提供、あるいは、安全に実施するために必要な職員の配置に関する措置など、法人としてすべきこと、できることを行っていたかどうかなどが問われます。

さらにその上で、もう一度、保護者・保育者・法人が、その立場を超えてともに持つべき子どもの育ちに対する責任について、あらためて呼びかけた。

3 ともに責任を持ちあって

(1) 言うまでもなく、そもそも「責任を問われないようにするため」に事故防止を実施するのではありません。事故防止とは重大事故で子どもの心身を大きく傷つけることがなく、豊かな体験を保障するために、必要な準備と体制をつくるということです。

(2) 危険予見および危険回避に必要な措置をしっかり実施していれば、重大事故はおこりません。

それらをしていないときに起こります。また、きちんとチェックして、必要な準備をし、やるべきことをした上での事故は、回避不可能な事故であり、結果として主催者の責任は問えません（問われません）。

(3) 保護者と指導員が協働で企画実施する行事は、みんなで責任をもち、みんなの子どもを連れて行くというものです。みんなで責任を持つということは、リスクに関してもみんなで話し合い、必要な準備をみんなで行うということです。参加に関して不安や疑問があれば、出し合ってひとつずつ考え、予知や回避のための作業を行う必要があります。その作業を重ねることで、みなで責任をもつという体制がつくれます。（ゆえに事前に保護者会などで、実施計画を伝え、子どもだけが参加し自分は参加しない保護者からも意見や質問をもらうなどのプロセスも、重要な危険回避（共同で責任をもつ）のための準備と位置づけることができます。）

(4) 責任という意味では、本来「子ども（たち）の豊かな育ち」に対して、私たち大人には責任があります。

子どもの豊かな育ちを保障するには、リスクをともなう自然とのかかわり、仲間とのかかわりが必要です。そして、それは保護者が一人ではできません。指導員だけでもできません。私たち大人が共同で責任を持つことでしか実現できません。その意味で、学童という場所は、単に預かりのサービスを提供する・される場所ではなく、大人たちが共同で子どもの豊かな育ちに対し、共同で責任をもつための場所だという位置づけになります。

PTAや子ども会など地域の様々な組織、実行委員会形式など有志で行われてきた行事の実施について、同じような議論（「何かあったら責任は?」）がさまざまな場面で起こっているのではないだろうか。私たちの学童のキャンプは保護者も参画して企画実施する（実行委員会形式）ので、こうしたことが議論になる。通常の保育についても、役員会や保護者会で保育について議論することを通じて、共同で責任をもつというのが本来のあり方なのだと私は考える。各学童で保護者会の活動があって、はじめて託児サービスの枠をこえて保育、すなわち子どもたちの豊かな時間・成長の場をつくることができる。

きちんと準備をして臨めば、重大事故にはならない。万が一、事故があっても過失がなければ、いわゆる結果責任が問われることはない。しかし、もっと重要なことは、「責任を問われないため」に事故防止を実施するのではないということだ。起こさないための準備をきちんとしているかどうかに尽きる。

ひとつ付言しておくと、子どもにかかわる活動の中でしばしば「一筆とっておく」という話を耳にする。「事故などが起こったときに、責任を問いません」という文章に保護者などからサインをもらうということだ。しかし、この文書はこれまで述べてきたとおり、実際に過失責任を考える事態になったときには、何の意味ももたない。前述の学童のキャンプについても毎年話題になる。保護者が参加せず、子どもだけが参加する場合にその子どもから一筆もらう、というもの。

私は、その度にこんな説明をしている。

「仮に一筆、書いたとしましょう。しかしもしお子さんが重大事故にあったとしたらどうでしょうか。納得できますか? 事実はどうであったのか、過失はなかったのか、知りたいと思いませんか? 普通、保護者は徹底的に真相を解明しようとします。それは当然です。

ちょっと考えてみてください。もし『何かあっても一切責任を問いません』と書いた契約書にサインしろ、と保護者に迫るキャンプの会社があったとしたら、そんな会社にあなたはだいじなお子さんを預けますか？『責任をとらない』と最初から言っているのですよ。

同じ保護者同士なのに、まるで互いに信用してませんよ、という言葉を投げつけあっているようなものではないでしょうか。そうではなく、心配なことを出し合い、どうすれば安全に楽しい時間にすることができるのか一緒に話し合い、信頼関係をつくって、『当日はお願いします』『わかりました』そして『ありがとう』ということにしたい、と思いませんか」

「何かあったら」と抽象的にとらえているから、恐れや不安が先に立つことになる。きちんと具体的にイメージし対策をたてれば、恐れる必要はないはずだ。それをしないままでの「何かあったら」ということばは、そもそも、それをしたくない、という気持ちの表明にすぎない。したくない人に強要することはできないし、すべきでもない。まずはその時点でその人とできることをともに考えることからはじめたい。少しずつ一緒にできることを増やしていけばよい。遊ぶとはそういうことだ。どこからなら一緒にできるか、どこまでならできるか、その「できるようになっていくプロセス」それ自体を遊びとして挑戦し楽しみたい。

以前、行政との協働事業で、動物園でヤキイモタイムをしようとした。動物園を管理するのは行政の外郭団体で、「何かあったら困る」と焚き火の許可がなかなかおりない。そこで何度も動物園を訪ね、「何が心配ですか？　どんなことでも言ってください」と心配事を具体的に聞き出して、その対策を一つひとつ一緒に考えていった。

例えば、「バーベキューなど火を使ってもいいところだと思われると困る」と言われれば、「では、火はむしろなるべく大きくして、七輪は使わない。『今日は特別のイベントです』と看板を掲げる」という具合。そんなやりとりを丁寧に繰り返して、最終的に「じゃあ、やってみましょうか」ということになった。動物園の職員さんたちは、大きなゴミ袋に300袋も落ち葉を集めてくださり、当日は、巨大な落ち葉のプールで何百人もの親子が遊び、おいしいヤキイモを食べた。いい時間になった、と園のみなさんと一緒に喜びあった。

どんな時間をつくりたいのか、どうしたら実現できるのか、そのための解決策を具体的に考えることが大事。そうして最後に、「できるかぎりの対策はうった。もちろん他にも何かあるかもしれないけど、やってみようか」という納得、「覚悟」のようなものが芽生えるかどうかだ。この「覚悟」は、付き合いを重ね、責任を共有できる仲間だと思ってもらえた時に生まれる。

一つひとつ具体的に、丁寧に議論していくと、絶対に許容できない（避けるべきこと）ものと、リスクも含めてやってみようということに分けていくことができる。

本書では詳しく触れないが、プレーパークなどでは、さまざまな事故を、リスク（子どもが自分で危険性を認識できる状況）とハザード（予見不可能な危険性で、死亡や後遺症が残るなどの重大事故につながるもの）に分けて考えている。怪我や事故をすべてなくすことはできないし、無理にすべてなくそうとすると、ハラハラ、ドキドキという遊びの重要な要素を失うことになりかねない。一方、ハザードにつながる状況は可能な限り排除しなければならない【＊4】。

また、その子の状況、その日の、その場の状況に応じて、何がリスクになるか、何がハザードになるかは違う。ゆえに、どんな準備をすれば、どんな体制や環境をつくれば、ハザードを避けつつ、「おもしろい！」を保障できるのか、大人もまた学んでいく必要がある。こうした認識を子どもの遊びにかかわる専門職はもとより、広く社会的に共有していくことは、子どもの遊ぶ権利（「今日もおもしろかった！」の保障）を守る上で喫緊の課題である【＊5】。

【＊4】 リスクやハザードについての考え方や具体例については、『冒険遊び場ブックレット　冒険遊び場づくり 危機管理の初歩』（日本冒険遊び場づくり協会発行）などを参照されたい。

【＊5】 1989年に採択された国連・子どもの権利条約（日本は1994年に批准）の第31条は、「遊び」はすべての子どもが持つ権利と明記している。

4 「円卓」を囲むー

「私のだいじな場所」になる運営

ここまで、「責任」「対話」をキーワードに、遊びを保障するためにどんなコミュニケーションや人との関係が必要なのかについて考えてきた。そこで、これまでの議論を踏まえて、公共の場が「私のだいじな場所」になるためには、何が必要なのかについてまとめておきたい。

２００５年に、「官から民へ」と小泉元首相が叫んでいたころ、娘の通っていた市立保育所が民間委託されるかもしれないという話が持ち上がった。私たち保護者は、民間委託は保育者の待遇を下げ、公的な責任を放棄するものだとこれに反対し、署名やデモを行った。しかし、私は当時、ＮＰＯ支援センターの事務局長をしており、仕事では、行政との協働をうたい、委託事業なども受けおっていた。仕事では「役所だけが公共ではない」と語り、一方で地域では、「公立保育所の民間委託反対」を叫ぶ。私のなかではこの問題をどう整理していけばいいのか、大きな課題となっていた。

県庁で仕事のうちあわせをしながら、あるいは保育所の送り迎えの自転車の上で、考え続けた……。「官か民か」という貧しい選択肢で考えるから問題が解けないのではないか、公共サービスの担い手が誰かという問題ではなく公共そのもののありようが問題ではないか、そして、この問題を読み解くキーワードは「市民参画型の運営（市民運営）」なのではないかと。

そこで、公共施設の多くがなぜ「つまらない施設」になっていくのか、魅力的な場所はなぜそうなのか、その運営の秘密について、調査し議論する場を持とうとＮＰＯと自治体職員の有志で研究会をつくった。この研究会では、市民によって耕される里山の田んぼ、伝統行事を生かしたコミュニティづくりをすすめる公園、子どもだけでつくられる「まち」、子どもの遊びと自由について考えつづける公園、住民が建てた喫茶店のある公民館のような介護施設、たくさんのボランティアに支えられる障害児学童、「住民立」を選択した学童保育、空き地を耕すことでまちの空気を変えた住民……さまざまな場所をめぐりながら「市民運営」をキーワードに、「なぜこのような魅力的な場所になるのだろうか」と考えた。その成果として、『私のだいじな場所～公共施設の市民運営を考える』（編集「協働→参加のまちづくり市民研究会」、発行「市民活動情報センター・ハンズオン埼玉」）を発行した。

私たちが見つけたポイントは、次の３つだった。

①ひとり一人の人々の思い（「私」）が出し合えること、②円卓のテーブル（対等に話し合って合意を形成すること）、そして③みんなで「持ち寄る」文化。

①「～たい」がある

運営者・職員・利用者の一人ひとりの個人の内発的な感情・願いに根ざしている。市民運営は、「私」から生まれる。一人ひとりが自分の意見と感情をもつことを互いにきちんと肯定することからはじまる。「わらしべの里共同保育所」の園長の長谷川佳代子さんの「腐っても〈たい〉の会なのよ」【184ページ参照】ということばが端的にそれを語っている。

②「円卓テーブル」の文化がある

前述の学童保育やプレーパークの事例で紹介したとおり、魅力的な施設では、「苦情」さえも〝好機〟とする、ひらかれた議論を通じた意思決定への努力が繰り返されている。利用者も職員もそこで学び合う。そしてその結果として共同で責任をもつ。特定の誰かのせいにしない。これまでの公共施設には、この「円卓テーブル」がなかったのではないだろうか。円卓（「ラウンドテーブル」ともいう）とは、開かれた対話であり、上座《かみざ》も下座《しもざ》もない対等な関係の象徴である。市民運営には、目標の設定、実施、評価の各段階において、利用者、職員スタッフ、運営者、地域住民……さまざまな立場の人が、自分の意見をもちよりオープンに議論すること、その結果として合意すなわち意思決定をする文化がある。

③「持ち寄り」の文化がある

人は、「自分で決めた」という実感がある事柄にたいしては責任をもとうとする。そのためにできることを自ら行う。寄付をする、時間をとって考える、知恵をだす、労力や物や場所を提供する。市民運営の現場では、たくさんの「持ち寄り」が生まれている。第3章で紹介した場所のほとんどがそうであるように、利用者や市民に対して上手に「困っている」「相談にのって」といえ、心から「ありがとう」と言うことのできる運営者がいれば、人は持ち寄り、かかわることができる。その結果、その場所に対する愛着が生まれる。その場所で、自分（たち）の物語が紡がれていく。

「持ち寄り」は、新たな「私の思い」を産みだす、それを「円卓」にのせ、話し合うことで、また「持ち寄り」

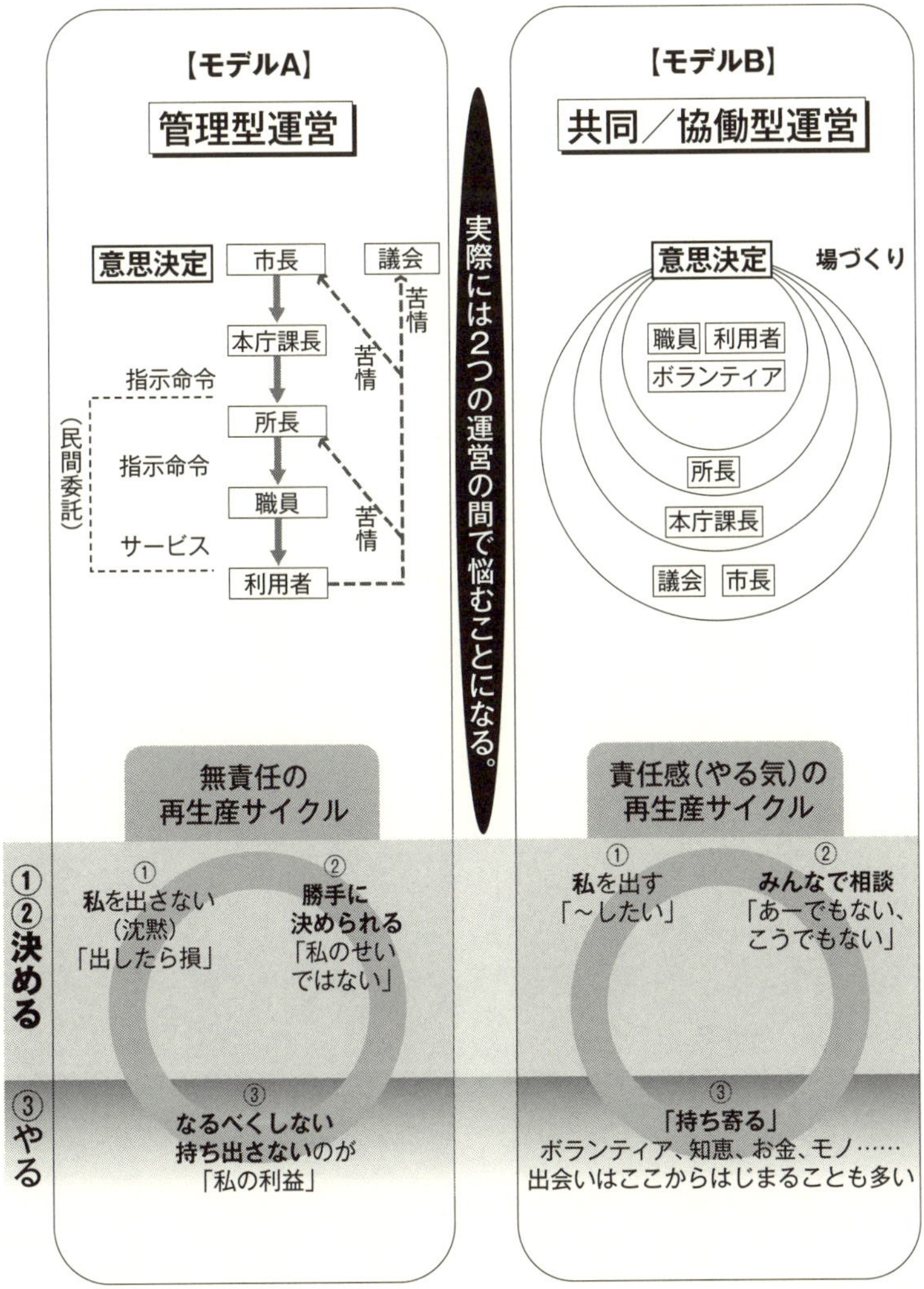
【モデルA】
管理型運営
意思決定
市長
議会
本庁課長
所長
職員
利用者
指示命令
指示命令
サービス
（民間委託）
苦情
苦情
苦情
実際には2つの運営の間で悩むことになる。
【モデルB】
共同／協働型運営
意思決定
場づくり
職員
利用者
ボランティア
所長
本庁課長
議会
市長
無責任の
再生産サイクル
①
私を出さない
（沈黙）
「出したら損」
②
勝手に
決められる
「私のせい
ではない」
③
なるべくしない
持ち出さないのが
「私の利益」
①②決める
③やる
責任感（やる気）の
再生産サイクル
①
私を出す
「〜したい」
②
みんなで相談
「あーでもない、
こうでもない」
③
「持ち寄る」
ボランティア、知恵、お金、モノ……
出会いはここからはじまることも多い

が発生する。まず現場のスタッフ、ボランティア、利用者が意思決定に参画する。そして、必要であれば、本庁、議会と意思決定にかかわる人をひろげていく。立場の違いを超えて合意形成（納得）への努力をする。

これを第1章で紹介した「「禁止」の生まれる構造」【63ページ参照】すなわちサービスモデルによる管理型の運営と比較して図にすると前頁の図のようになる。

【モデルA】では、意思決定と現場が分離している。利用者の声は、「苦情」として現場を飛び越して伝わっていく。その「苦情」は、首長→担当課長→所長→職員という流れで予算と規則と指示で下位のものを管理するという構図になっている。

いきなり上司や市役所に電話をする利用者は、職員にとっては「密告者」と映る。信頼などできない。こうして現場に良い関係は生まれず、職員は苦情や密告を恐れ「なるべくなにもしない」ことが仕事になる。それを見た利用者が「やる気がない」とまた責めるという悪循環がはじまる。

現場の職員にとっては、上司か、もしくは住民かのいずれかの声によって「やらされる」という仕事をするしかなく、いずれの場合も主体的な判断は問われない。自分の判断が含まれていないところに責任感は生まれない。

職員は、予算や命令で「与えられた課題」を自分の職務とし、常に「規則でそうなっていますから」「上司がね……」「予算がね……」といいわけを考えながら仕事をせざるをえなくなる。へたにやる気をだしてなにかことを起こそうとすれば、「何事も起きないこと」が第一の上司から「それはおまえの責任でできるのか?」と問われ、止められる。

これに対し、協働型の運営【モデルB】では、現場の利用者や職員、ボランティアが意思決定にかかわり、その声は常に円卓テーブルの上にある。その施設をどうしたいか、どんな場であってほしいかを、職員も利用者もその場を構成するひとりの参加者として話し合う。互いの声をききあう。利用者同士の意見がずれたときは、利用者同士が話し合える環境をつくる。そんな運営のしかたがあれば、立場の違いは、マイナスではなく、質を高めることへのプラスの要因に感じるはずだ。なぜなら、もっともすぐれた判断は、多様な立場からの意見をすりあわせた時に生まれるからだ。

人々は、プロセスに対して納得したいのであって、結果が自分の思い通りになることだけを望んでいるのではない。そのプロセスには対話がある。気づき・学びがある。

公共施設にはさまざまな人々がかかわる。働く人の立場、利用者の立場、地域の人の立場、管理者の立場などさまざまな立場の人がいる。また、同じ立場であっても異なる経験や考え方をもっている。だから話し合って合意するといっても、確かに容易ではない。困難で、手間もコストもかかる。スキルも必要だ。しかしその苦労の結果生まれた「信頼」は、さらに多くの人々の「持ち寄り」を生み出す。「あの時は、とことん話し合って、大変だったよねえ」とあとで笑えるような経験を重ねていくことで、その場所は、「私のだいじな場所」になっていく。

第3章で紹介したさまざまな魅力的な場所では、制度や法人形態は様々だが共通しているのは、こうした対話を基本にすえた運営が意識的に、または無意識的に行われているということができる。

また、人が参加するきっかけは、②の「円卓テーブル」よりも、③の労力の「持ち寄り」、すなわちボランティアであることが多い。はじめて参加したボランティアに、また参加してみよう、もっと深く（例えば企画段階＝意思決定に）参加してみようと思ってもらうためのサポートや働きかけ（ボランティアコーディネーション）が必要になる。その施設や場をみんなのものにしたいと運営者が願うならば、そこにさまざまな参加のきっかけやしくみを埋め込む必要がある。高知こども図書館【176ページ参照】のようにいわゆる施設のボランティアは、運営者の下請けなのではなく、ともにつくる仲間として認知されていると感じられるとき、大きな力を発揮する。

一方で、私のだいじな場所となるということは、それぞれの思いがぶつかる場でもあることを意味する。何がだいじか、何を優先するか、その決定のプロセスを丁寧にしていかないと、「どうせ自分の思いはだいじにされていない」と、やる気はすぐに雲散霧消してしまう。「ボランティアの自発性は揮発性」（早瀬昇・社会福祉法人大阪ボランティア協会常務理事・NPO法人日本NPOセンター代表理事）なのである。ゆえに、公共の場をつくる職員には、その時々にふさわしい、合意形成や対話を促すファシリテーションの力が求められる。

そうして市民の参加によって成り立つ施設には、運営コストを削減することが目的になりがちな現在の公共施設改革とはまったく違う様相が現れる。いわゆるまちづくり、すなわち人々の参加による地域・社会づくりを目指す施設ならば、自然と運営は**【モデルB】**を目指すことになるはずだ。また、市民が、NPOなどをつくり、公共施設の運営を引き受ける意味もここにあるだろう。

一方で、現場での対話による運営をだいじにしながら、他方で、行政全体での合意もとりつけていく。NPOに限らず心ある運営者は、2つの運営の間で悩むことになる。しかし、行政側にきちんとしたまちづくりの構想がないと、そのNPOなどの施設運営者は、**【モデルA】**で見たように役所と住民の間にはさまる官の下請け業者という扱いとなる。

そういう意味では、運営主体が官民いずれであっても、つい住民・利用者とともに悩んでしまう（悩んでくれる）運営者が運営したときに、その施設は、本来の意味で公共的《パブリック》な空間になるといえる。

公共施設の評価はさまざまあるが、どれだけの住民が参加し、市民として育ったのかという視点をだいじにしたい。ここで言う市民とは、異なる意見にきちんと耳を傾け、対話を通じて、場やまちをつくることをだいじにする人である。

「地方創生」「まちづくり」どんな言い方をしようとも、人々が市民として育っていくことを目指すのか、それとも、お客様として苦情を言わせていくのか。「円卓を囲む」文化があるのとないのとでは、10年、20年後に、大きな差となって表れてくるだろう。

5 「一緒に」をつくる
「コミュニティワーク」という仕事

「サービスモデル」と「コミュニティワークモデル」

さて、前節まででとりあげた「みんなの場所をつくりだすための様々な活動を「コミュニティワーク」という概念で振り返ってみたい。

第1章で、「サービス社会」の問題の一つとして「専門性」を強調するリスクについて述べた。問題が起こるたび、専門施設をつくり、専門職に解決してもらうことを当たり前のことと考えるようになった。しかし、それは結果として、人々はまじわらず、他者に無関心な社会をつくってきたということでもあるのではないか、と。

いま一度、専門家の専門性について考えておきたい。ほうっておけば孤立がすすんでいくのが私たちの暮らしだとすると、今後の社会を考える上で「コミュニティワーク」という仕事が必須になるのではないかと私は考えている。

そして、サービスの専門家の専門性の中に、このコミュニティワークという仕事を付加していく必要があると提案したい。

「コミュニティワーク」とは、端的に言えば、「私（たち）はこの場や社会の当事者なのだ」という意識、「私（たち）にもなにかをすることができるかもしれない」という気持ちが住民、利用者の間で生まれるようにする働きかけのこと。前節まででとりあげた「みんなの場所」をつくりだすための様々な活動・仕事のことである。

また地域・社会の課題を個人の問題とせず、ミクロ（個人と家庭レベル）・メゾ（地域コミュニティレベル）・マクロ（社会・世界レベル）のそれぞれのレベルで人や地域や行政に働きかける仕事とも言える。また社会的なマイノリティに対する権利擁護の視点をきちんと持ち、地域・社会が公正を維持し、現実の生活世界の中に民主主義を構築することをすすめる仕事だ。

コミュニティワークは、一般的に日本では「地域福祉」（地域社会における福祉課題に対し、その地域の住民や福祉関係者などが協力して取り組んでいこうという考え）をすすめる・支援することととらえられがちだが、ここではもっと広く、（地域やSNSなども含む）コミュニティにおけるネットワーク構築、ソーシャルアクション、社会資源の開発など根源的な社会変革への志向や行動を含む概念として使う【＊6】。

２０００年代はじめ、カナダのコミュニティワークの理論と実践を日本に紹介した武田信子さん（武蔵大学教授）は、コミュニティワークを次のように説明している。

それは、「人々が責任を持って地域の問題を解決し、不正な社会状況に立ち向かう」という、智慧という力による闘いであり、「みんなで仲良く集まって、楽しい社会をつくりましょう」「ここちよく過ごしましょう」というだけのものではない。

みんなが幸せに過ごせるコミュニティを考えたとき、それは、運のいい人、押しの強い人が生き生きとしているというような社会ではなく、リーダーシップをとった人が偉いと考えられるような社会でもない。一番弱い人、ダメだと思われるような人を基準に考えて、そんな存在の人（誰しもそうなる可能性がある）も受け入れられるようなコミュニティの実現に向けて、そこにいる人たちが、みんなで動けば社会が変わるという自己効力感を持って自ら動き出す、ということが必要である。一部の人たちの豊かさのおこぼれをみんながいただく、というようなものではなく、空気を読んでお互いをほめあって傷つけることなく安穏に暮らしましょう、ということでもなく、自分たちの幸せのために他者を傷つけていいと考えることでもない。

【＊6】 武田信子著『社会で子どもを育てる』平凡社新書、ビル・リー著／武田信子・五味幸子訳『実践コミュニティワーク』学文社を参照

（『子育て支援コミュニティワーク 先走りｖｅｒ．』より ２０１５年３月 ＮＰＯ法人せたがや子育てネット発行）

日本では、まださほどなじみのない概念だが、今後の社会のありよう、社会福祉や公共サービスのあり方を考えるにあたって、私は、このコミュニティワークという視点が不可欠だと考える。

２０１５年、ＮＰＯ法人せたがや子育てネットが主催した「子ども、子育ての分野でのコミュニティワークをすすめる研修会」は、武田信子さんの提案を受けて、「子ども、子育ての分野でのコミュニティワーク」を次のように定義づけている。

生まれてくるすべての子どもたちの健やかな育ちを保障することは、社会の責務である。子が自然に育つ地域環境・家庭環境が失われつつある日本において、親をはじめコミュニティのすべてのメンバーが、子育ての当事者であり、その自分たちこそが社会を作る力を持っているという意識を高め、変革のための活動をスタートし、発展させていくことを支えていくコミュニティレベルのソーシャルワークのことを、子ども子育てコミュニティワークと呼ぶ。

ただし、この活動は、ソーシャルワーカーのみならず、子育て環境の変革に意欲のある者が、コミュニティワークの理論と手法を学び、それらを用いて行うものとする。

（同）

呼びかけた同法人代表理事の松田妙子さんは、次のような問題提起をしている。

子育て支援とよばれる活動は、本当に当事者を元気にしているのだろうか。子育ては、まち（社会）の課題になっていくのだろうか。むしろ、当事者と専門家、あるいは仕事で関わる人だけの問題にしてはいないだろうか。親たちは、子育てしている自分たちにとって住み良いまちをつくっていくのは自分なのだという気持ちをもてているだろうか。むしろ、提供されるサービスのお客さんになっていないだろうか。

活動している人はそれぞれ頑張っているのだけれど、がんばりすぎて疲れてしまっていないだろうか。他の活動をつないだり、新しい活動の芽を見つけられなくて、結果、一人頑張ることになっていないだろうか。（同）

住民を公共サービスの消費者としてのみ扱うことを社会福祉のサービス産業化と位置づけるとしたら、他方で、サービスを通じて出会った人と、コミュニティをつくり、そのコミュニティの力を高めること、そこに居合わせた人を問題解決の当事者へとエンパワメントしていこうとする動きがある。ここでは、前者をサービスモデル、後者をコミュニティワークモデルと呼びたい。

コミュニティワークモデルは、「子が育つために必要なコミュニティをつくりだしていく機能をともなった社会サービス」である。他者のことが気になり、問題解決のためにその当事者として自らが動くことを幸せと感じることのできる人の集まりをつくりだすこと。

「託児」と「保育」で言えば、「託児」はサービスとして供給できるが、「保育」は、コミュニティワークを必要とする営みになる。

コミュニティワークモデルでは、主体が住民であり、住民同士（利用者同士）が結び合って生み出す価値を追求する。住民自らが地域の子育ての当事者であるという自覚を促す。コミュニティワークモデルは、一人の困りごとを、みなの問題として考える。そのための話し合い、学び合いの場・関係があってはじめて成立する。「孤育て」をはじめとする社会的孤立という課題に対応するには、こうしたコミュニティワークをともなう社会サービスが不可欠だ。

それは居場所モデルと言い換えてもいいかもしれない。誰もが家・家族以外にもう一つの居場所を確保するための社会サービス。家族ごとに閉じるのではなく、他者と顔の見える関係をつくりだすための「しかけ」として社会サービスをとらえなおすこと。前述の障害児の放課後の問題【47ページ参照】で言えば、現在、児童デイサービスはその多くがサービスモデルで行われているが、親子の豊かな暮らし（成長）のために本当に必要なのは、「なかよしねっと」【165ページ参照】のような当事者同士のつながりを核とした地域のネットワークをすすめていくための拠点、すなわちコミュニティワークとして展開されている社会サービスだろう。

第3章で紹介したような人がつながる魅力的な現場には、必ずコミュニティワークを担う人がいる。また、ここでは詳細まで紹介できないが、松田さんや暮らしネット・えんの小島さん【169ページ参照】は、国の政策に対し、現場の実情を踏まえた意見や対案を提示したり、社会的なキャンペーンを起こしている。コミュニティワークは、こうした現場では解決できない問題に対しソーシャルアクションを起こすことを含む概念だ。それは、次に述べる「当事者」を増やす動き、というふうにも言い換えられるだろう。第1章で述べた「新しい公共」は本来、こうした市民の地域、社会レベルでの主体的な動きの総体として語られるべき概念なのである。

支援と「当事者」

子育てに対する社会的な支援は今後ますます不可欠で重要な社会政策であり、地域課題となっていくだろう。その際に、もう一度、当事者とは誰なのか、を確認しておきたい。

私は「当事者」ということばの使われ方には2つあると考える。

一つは、その問題の当該の（直接の）利害関係者の意味。例えば、子育て支援という課題であれば、子育て中の親子、障害者問題でいえば、障害を持つ人や家族のことである。

もう一つの意味は、その問題を解決する主体ということ。「問題解決の当事者」という意味での当事者。例えば、「バリアフリーのまちづくり」の当事者は、健常者を含む社会のさまざまな関係者ということになる。ハードの当事者は交通機関や公共の施設（商業施設なども含む）の設置者ということになるし、ソフトまでふくめれば、そのまちのすべての人であるともいえる。

もともと、子育て支援ということばが必要のない暮らし方を私たちはしていた。しかし、高度成長以降の社会環境の変化で、子育てにわざわざ支援が必要な状況が生まれた。多様な人々のかかわりの中で行われていた子育て（子育ち）が、かかわりをなくすことで困難になったとしたら、その問題の当事者は地域社会全体の人々ということになる。まちづくりとしての子育て、まちの誰もが子育ての当事者になれる、かかわりをもてる、という状態にすることが支援ということになる。

その視点で見ると高度成長の時代からさまざまな「みんなが当事者になる」ための試みがなされてい

たことがわかる。

たとえば、60年代から80年代にかけて全国の都市にひろがった共同保育所や自主幼稚園などは、預け先を必要とした親たちがやむにやまれず自分たちで動きつくってきたものだ。それは高度成長で職住が分離した暮らしに変わり、見知らぬ人と隣り合わせで暮らし始めた人たちが、たまたまそこに住んでいる人とともに子育てをしようとする試みでもあった。共同で暮らしていくなかで、子どもが自然に育っていくことを可能にするための場だった。

前節までで紹介したような学童での保護者の会議のように、運営をともにすることで、子どもの育ちについて共同で責任を持つことにつながっていた。つまり、コミュニティワークが自然に発生していたと見ることができる。

また、同時期にひろがった、子ども劇場や、子ども文庫、あるいは生活協同組合などのさまざまな住民による活動は、かつてコミュニティの中で育ってきた記憶をもつ主に専業主婦たちが、その時代にあわせて共同の暮らし、共同の子育てをしていくための試みだったと言える。地域の子どもたちにとってよりよい環境をと親たちが動いてきたという意味では、子ども会やPTAなどの地縁や子縁にもとづく活動も同様の役割を果たしてきたと言えるだろう。

私は、最近まで私の住む団地の民生委員をしていた。高齢者のお宅を訪問する中で、団地の建設とともに入居し、団地に隣接する小学校のPTAをはじめさまざまな地域活動にかかわった方々に何人も出会ってきた。「日曜日になると、お弁当もって校庭にいって、石を拾ったものですよ」と懐かしむ。バザーなどで当時不足していた子どもたちの教材の購入のための費用を補填してきたそうだ。学校は、「私たちの学校」になっていた様子がうかがえる。「なにもなくてねえ」と語る女性の表情からは、「あの頃は、楽しかった」という気持ちが読み取れる（しかし、そうした活動も、さまざまな環境が整いはじめると、活動の意義はわかりにくいものとなり、結果、形骸化し、「義務」に転化していったが）。

戦後の日本の社会運動は、国民の権利をうたい、行政にそれを施策としてやらせていくことを一つのゴールとした。その結果、多くの制度や施策をつくりだしてきた。これは高く評価されてよいだろう。しかし、一方で、行政による社会運営は、ややもすると住民の関与を嫌い、意思決定を現場で行うことを困難にしてきた。現場からすると権限を奪われるリスクがあった。「官立《オフィシャル》」であることとは、必ずしも「社会化」とイコールではない。にもかかわらず、官立は運動のゴールとして位置づけられていた。端的な例でいうと共同保育所は、「要求が実現」し、公立保育所ができると閉所していった。と同時に公立になることで人事権など運営に関与する権限を失い、保育所は「市民のもの」から、「役所のもの」になっていった。このいわば「お役所仕事化（住民のお客様化）」リスクについて、運動側は十分に注意を払ってきていたとは言えないのではないだろうか。

その結果、その施設のこと、まちのことについて、自分が当事者で、責任をもつことができるとは誰も感じられなくなっていった。「どうせ」ということばが、職員、利用者の両者から頻繁に聞かれる社会、誰もが自分のせいではないと主張する社会になっていった。

さらに、サービス産業化が同時並行ですすみ、かつての共同保育のように人々が力を持ち寄り、つくりあっていくという営みは、いま点として存在しても全体としては大きく衰弱している。それは、少し大げさに言えば、私たちの社会が、新しい公共のイメージの共有、あるいはその担い手の育成について、十分に意識してこなかった必然の結果なのではないだろうか。行政だけを問題の当事者とすることで、結果として、私たちは自身をディスエンパワメントしてきた＝「どうせ私たちにはかえられない」と思うようになってきたのではないだろうか。

1980年代からの市民活動の広がりは、住民が自らまちをつくる当事者としての自覚を育むこと（「市民」になること）を目指してきた。ゆえに、安易に公立を目指すのではなく、自治をひろげるという視点で、住民に呼びかけ、さまざまな社会的な活動を広げていった。そしてそれが、同時に進行していた行政側の「公共サービスを安く」という流れが一致したためにできた選択肢が、「NPOが、公共施設（事業）の運営を受託する」というものだった。

自治を育む場としての公共空間という視点から、運営のあり方、職員の仕事・専門性の中身をあらためて問い直す必要があるのではないだろうか。

「一緒に座布団を出す」ことの意味

場をつくる当事者は誰なのか、その先にどんな社会を目指しているのかをいま一度、問い直したい。例えば、「子育てひろば」。1990年代、孤立した子育てに苦しみ、出かける場所がなかった母親たちの悲鳴が、少しずつ社会的な声になりはじめた。

同時に、当事者や元当事者の母親たちによる自主的な活動（のちに子育て支援のNPOになっていく）によって、交流の場が各地で開かれるようになった。公民館などで子どもが走ることをいやがられ、「昔は、子育てなんか普通に誰でもやっていた、そんなわざわざ支援なんかなくてもやれていた」という年長世代の抵抗を受けつつも、活動の実践者は、その現場での実績をふまえ、国や自治体に法整備や施策の立案を働きかけていった。その結果、2000年代半ば以降、行政によって、全国的に「子育てひろば」が整備されることになった。図書館や公民館でも、親子のためのイベントなどが日々開催されるようになった。結果、月曜日は図書館の読み聞かせ、火曜日は子育てひろば、と親子で出かけることができるようになった。

この一連のプロセスは日本の社会運動・市民活動の歴史として高く評価されるべきことだ。

その一方で、出かける場所が、誰か——行政や事業者によってすでに整備されているということは、親は、常にお客さんとして参加できる立場になったということでもあった。

以前、子育ての支援NPOとして子育てひろばを運営している友人から、こんな話を聞いたことがある。

「活動をはじめた頃は補助もなくて、有志で公民館でみんなで集まって『ひろば』を開いていたのね。スタッフも子ども連れで開始時刻ぎりぎりに会場に到着。そこにたまたま来たママたちと一緒に座布団を出して。いまはスタッフがあらかじめ到着して、座布団を出して『さあどうぞ』。どっちがいいのかなあ、とふと思うことがあるよね」

2000年代以降、「ひろば」や支援センターが整備される一方、子育てサークルなどの自主的な活動は、その数を大きく減らしていった。自分たちでつくる必要がなくなったという意味ではごく自然ななりゆきだが、「場の当事者は私でもある」「私にも何かできる」という感覚が育つ機会を得にくくなったとも言える。

よく支援センターでは、禁止の張り紙がたくさん貼ってあることが多い。代表的なものが「子どもから目を離さないで」だ。

「ひろば」は、親たちが出会い、一緒に子どもを見ることができるような関係性を育むための場、閉ざされた「親子カプセル」を開く場であるはずだが、この貼り紙はまるで、それを禁止しているかのようにも見える。「たまった気持ちをはきだしたくて、おしゃべりに夢中になる親御さんの気持ちもわかるのですが」と困惑するスタッフの方のお話もよく耳にする。しかし、「ひろば」は、禁止の貼り紙にたよるのではなく、そこにいるスタッフと利用者自身が相談しながら、折り合いをつけながら、互いにとっての心地よさをつくっていくことを学べる場であってほしい。コミュニケーションを通じて、問題を解決していく、ということの「感覚」を経験できる場であってほしい。「あの人自分の子ども見てませんよ」「あの人違反していますよ」などの「スタッフへのいいつけ」があるような場で、人は安心してすごせるだろうか。

小学校のPTAや子ども会で、他者と共同で仕事をしていくことを楽しめる保護者は年々減っている。就学前に（あるいは、親になる前の人生の中で）多様な人と場を運営するという経験をする機会がなくなってきていることもその一因だろう。新しい保育所などでは、保護者会や行事などに参画する機会がない場合がほとんどだ。児童館も以前は親の会などを組織し、支えられているところも多かったが、いまはその日その日のお客さんとして来ること以上のかかわりを持とうとしている館はほとんどない。

結果、慣れない保護者が楽しめず、義務としてPTAなどをやると、楽しく活動ができないため、負担感が大きくなる。負担感が大きいと、他者にたいして「わたしだってやったのだから」ときびしくあたるようになる。そうして組織全体の空気が冷え、さらに「関わりたくないもの」という扱いになっていく。

赤ちゃんをかかえた「弱い」立場の時期だからこそ、誰かを助け、誰かに助けられるという経験、人と共同で場をつくる=当事者としてそこにかかわるという経験ができる、「ひろば」はそんな場であってほしい。

「お客さん」にしないことを意識した社会サービス（コミュニティワークをともなう社会サービス）こそがその後の長い子育て、あるいは人生を、幸せに生きていくのに必要な力を育む。

誤解のないように書いておくが、職員が、座布団を出すなといっているのではない。「今日は、来てくれてありがとう」という気持ちをこめて準備して丁寧に迎えることが、そこに来た親子の今日を生きる力につながることもある。けれど、一緒に出すことがそれにつながることもあるということに留意したいということなのだ。

例えば、災害の被災地では常に、何が支援になるかが問われる。食料や水を外から持ち込むこと（してあげる支援）が必要な時期もある。しかし、長く続けると無力感や自尊感情を傷つけることにもつながっていくことがある。支援物資が、当地の経済的な復興の妨げにもなっていく場合もある。ヤキイモタイムでもお芋を主催者が用意したほうがいい場合もあるけれど、みんなで持ち寄ったほうがいい場合もたくさんある。

誰かに何かをしてもらうことが、力になるときもあれば、誰かに何かをしてあげて（「ありがとう」といわれて）、元気になるときもある。生きることが「ありがとう」を言ったり、言われたりしながら毎日を過ごすということであるならば、支援とは、その場にいる様々な立場の人たちが、そんな日常の関係を持てるようにしていく、そのサポートということになるのではないだろうか。

暮らしは、自分たちでつくるもの、そして、誰かと一緒につくれるものなのだという気持ちが育つことを目指したい。この「一緒に」という感覚は、経験でしか身につけることはできない。その一歩として、今そこに居る人とどんな場をつくるかを考えたい。

第3章の「ぷりつじ@ｒｏｋａ」の「気まずくなる」場づくり、フキデチョウ文庫の「めんどくさい場所」のありよう、あるいは「なかよし」の「ちょっとこの赤ちゃん見ててくれる?・」【167ページ参照】という声掛けは、そこから生まれてくるものだろう。

「ビジネス」で見えなくなるもの

当事者意識に関連して、もうひとつだけ留意しておきたいことがある。

繰り返し書いてきたように、この半世紀、私たちは暮らしの大部分を「外注」することができるようになった。自分たちでしていたことを、お金で、他者にお願いできるようになった。これは、事業者側からみると、ニッチなニーズをとらえて、そこに値段をつけて売るサービスを開発してきたことになる。そうして私たちは、圧倒的な「便利さ」を獲得してきた。

しかし、私は強い危惧を持っている。ビジネスという手段を用いてよい問題とそうではない問題があるのではないか、と。

例えば、近年、ショッピングモールなどで、有料の子どもの遊び場が激増している。カラフルなプラスチックの遊具をそろえ、スタッフも常駐している。時間制（入れ替え制）となっているところが多い。

遊ぶ場（正確には親が子を「遊ばせる」場）を求めてたくさんの親子が集まってくる。こうした場に補助金を出している自治体もある。「ニーズがある」ということなのだろう。現代社会では、「ニーズがある」ということは市場経済では最大の価値であり、それは、一定の社会的な承認を得ているということだともいえるだろう。しかし、遊び場の問題というのは、本来、地域全体の大人の責任で考えなければいけない問題、つまり公共《パブリック》として扱うべき問題だ。私益《プライベート》の問題にしては解決しない。

前節で紹介した日本のプレーパークのほとんどは、住民によって運営されている。その理由を前出の天野秀昭さんは、次のように言う。

「子どもが育つのは地域の中であり、どのような地域環境をつくるかは地域の課題である。子どもに豊かな遊び環境をと願うのも地域の人なら、苦情を言うのも地域の人なのだ【＊7】」

仮にまちに1カ所、プレーパークがあったとして、「遊びたければ、プレーパークにいきなさい！」とまちの大人が子どもに言うとしたら、そのまちは、子どもにとって住みやすいまちと言えるだろうか。実際、プレーパークのあるまちでも、こういう声は聴こえてくるという。そうなると、うるさい子どもはまちにいなくてよい、ということになる。しかし、子どもは本来うるさい存在である。むしろまちなかから、子どもの声が日常的に聞こえてこなくなったからこそ、それをうるさいと感じるように

【＊7】 http://www.blog.crn.or.jp/report/02/116.html

なった、とも言える。

子どもを特定の（しかも有料の）遊び場に囲いこむサービスは、まちなかで子どもが遊ぶということをうるさがる社会につながることにならないだろうか。それは、大人のニーズを満たすことではあっても、子どもが本当に望んでいるまちだといえるだろうか。イベントとして一日だけならば、「遊園地のかわり」としてもあるかもしれない。しかし、「日常の子どもたちの居場所」としての遊び場の問題として考えた時、これで解決、としてよいわけではないだろう。

本来まちづくりとして皆でとりくむべき課題、住民に問いをかえす＝一緒に考えてほしい、と呼びかけるべき課題をマーケティングの発想で「ニーズ」としてとらえ、サービスにおきかえてビジネス化することは、「みんな」の問題を、私的なものとして矮小化してしまうことにならないだろうか。本当の意味での解決をかえって阻害することにならないだろうか。この半世紀あまり競争を繰り返したあげく完全に個人や家庭の問題として扱われるようになってしまった「教育」がそうであったように。

10年ほど前からまちづくりの様々な場面で「コミュニティ・ビジネス」「ソーシャルビジネス」が注目されてきた。地域経済の活性化など、住民の自発的な社会課題の解決のための活動の一つの手法として期待されている。確かに無償ベースのボランティアだけでできることと、そうでないことがある。持続可能な活動にはお金の循環が必要だ。また、お金がまわることで新しい人のつながりができる。たくさんの人がかかわって地域をつくっていくことができる可能性をもっている。しかし、ビジネス化することが、「みんなの問題にする」ことを遠ざけてしまうこともあることにも留意したい。

その問題の「本来の当事者」が誰なのか、という問いを常に忘れないようにしたい。

コミュニティをあたためる仕事

本節の最後にコミュニティワークの事例として、保育所が保護者会を支援することの意味と方法について紹介しておきたい。数年前になるが、埼玉県と協働で埼玉県内の全保育所、幼稚園の所長・園長さんと、父母会・保護者会長さんにアンケートをお願いし、保護者会が活発に活動している園と、そうでない園では、どんな違いがあるかを調べたことがある【＊8】。

保護者会（父母会）の会長、保育所・幼稚園の園長からたくさんの現場の声をいただいた。会長からは、「役員のなり手がない」「引き継ぎがうまくいかない」「園が協力してくれない」などなど、たくさんの困りごとや悩みが集まった。また約半数の園長が「以前にくらべて、保護者の園や子どものへの関わりが少なくなった」と回答し、変化の中身を聞くと、「園に強く要望を主張する親が増えた」、「他の子どもや保護者に関心をもたない親が増えた」などが多く寄せられ、園として保護者とどのような関係をつくっていくのか、対応に苦慮している実態がうかがえた。

一方で、調査の中で、積極的に保護者会を支援している園長さんからこんなお話をうかがうことができた。

保護者はたいてい「親だけで育てなくちゃ」と思っていますよね。保護者自身がそうやって育って

【＊8】 保育所等における保護者参画活動調査（平成21年3月埼玉県委託調査、実施：NPO法人ハンズオン埼玉）の結果をもとに、まとめた冊子はネット上で閲覧できる（http://www.hands-on-s.org/blog/2009/06/post_43.html）。また、保護者会を楽しく運営をするポイントをまとめた支援サイト『ほぼナビ』（http://hogosya.net/）を作成した。

きているので、近年はとくにそうです。でも、子どもは、親だけじゃ育てられません。ある意味、子どもは放っておいても育ちます。自分の力で育っていくことを見るっていうことができるようになるということが、親としての成長だと思っています。

でも園側の努力だけでは「子どもは親だけでは育てられないんだよ」とは伝えられないんです。この感覚は、他の保護者といろいろやりながら経験していくなかで、はじめてわかることです。保護者会は、保護者にこの感覚を身につけてもらうすごく大きな役割を果たすと思います。6年間かけてここで親がどれだけ人間関係を味わってもらえるか、だと思っています。

（所沢市立保育園園長Sさん）

親が、他の親子とかかわるなかで、「親として成長していく」こと。親が他の子にとってもだいじな「おばちゃん」「おじちゃん」になっていくこと。子にとっては、たくさんの大人に関心をもたれる（愛される）中で育つことができるようになるということ。これが、高度経済成長で都市に人が集まり、郊外が拡大していく中で、保護者会、PTA、子ども会などが果たしてきた役割だった。しかし、もはや保護者自身にまかせておくだけでは、こうした関係がうまくつくれなくなってきているという現状が調査では示されていた。

この調査の結果わかったことがもう一つある。園と保護者会が互いの事情（状況や気持ち）を分かち合いながら、「一緒に考え、共に動く」ということができれば、保護者会は活性化するということだ。

保護者会を積極的に支援している園では、保護者会長が保護者会は活性化していると回答している割合が高い。前述のアンケート結果では、「保護者会は活発になっているか？」との問いに対して、積

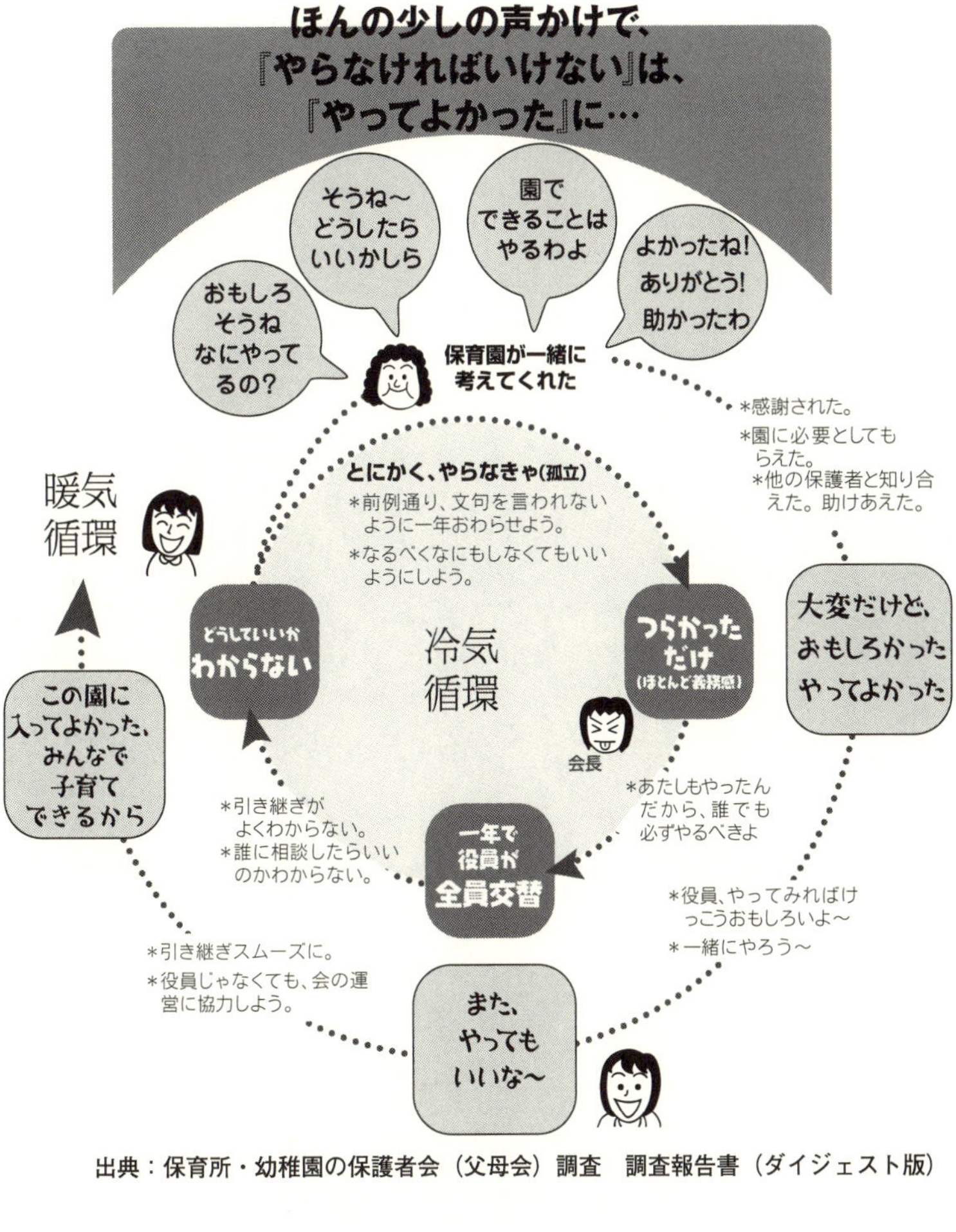

出典：保育所・幼稚園の保護者会（父母会）調査　調査報告書（ダイジェスト版）

極的に保護者会を支援していない園では、「活発になっている」と「縮小している」がそれぞれ36％対28％と大きな差がないのに対し、「園が積極的に支援している」保護者会では、「活発になっている」が54％、「保護者会は縮小している」が19％と大きな開きとなって現れている。

また、保護者と園のコミュニケーションが「十分とれている」と回答している園は、「保護者会の運営で困っていることがない」と保護者会長が回答していた。会長に園からの応援・協力の具体的内容を聞くと、「聞いてくれる・一緒に考えてくれる」という相談や応援の気持ちへの感謝が最も多く、つづいて具体的に、「共に動いてくれる」、「手を貸してくれる」という声が多く聞かれた。「やってあげる」「してもらう」とか「やらされる」という関係ではなく、「一緒に悩み、考えてもらえるパートナー」としての園側の姿勢への期待があった。とりわけ、保護者会の運営者が孤立していないかどうかが、会の活性化にとってはポイントになる。「いつでも相談にのりますよ」という園長先生の一言があるのかないのかで、保護者会の様子も大きくかわる、という結果になった。

こうしたコミュニティ形成の支援は、多くの手間や根気を必要とする。ボランタリーな気持ちは人の内側から湧いてくるものだ。植物を育てるように環境を整えて成長を待つことになる。一朝一夕にできるものでもないし、やればやるだけ仕事も増える。定員オーバーで子どもを受け入れ、とにかくサービスの量的な拡大を求められ、ぎりぎりのところで仕事をしている専門職の方々にとっては「それどころではない」というのが本音かもしれない。

しかし、「サービスとしての夏祭り」を保護者に提供しつづけることのその先に何があるだろうか。「あれもしてくれない」「これもしてくれない」という、「くれない族」を育てることになっていないだろうか。

少し立ち止まって考えたい。

事業者——顧客の一対一の関係では、決してできないことが、コミュニティをつくることでできるようになる。「私の子育て」から、「私たちの子育て」に、「私の暮らし」から「私たちの暮らし」にしていくとき、苦情というものの言い方をする必要はなくなる。

見知らぬ者同士が、「サービス」で出会う。それは入り口。そして、参加や対話を通じて、他者から学び、ともに働く。ともに責任を持つ。その結果、信頼関係が生まれる。他人を信頼できると思えたら、安易に権力をたよっていいつけたり、ルールだからと監視したり、指弾したりする必要はない。

サービスでしか出会えない時代だからこそ、第3章で紹介したさまざまな現場のような、事業者として立ちつつ、そこを拠点に地域のコミュニティを編むという試みに注目していきたい。


人と人の関係は、「つながりましょう」「コミュニティをつくりましょう」と呼びかけたところでできるものではない（むしろそれが正しいあり方として示されることは、「できている親」「できていない親」という視線が生まれ、それが親たちを分断し、かえって、息苦しさを生むだろう）。べき論ではなく、「結果としてつながっていく」ための環境をどのようにつくればよいだろうか。どうすれば私たちは一緒に暮らしているという感覚を持つことができるだろうか。

そもそも人と人がかかわるのは、基本的にはわずらわしいことだ。そのわずらわしさをこえていく原動力は、2つあると私は考える。

ひとつは本当に困ること。人は困った時に気持ちをひらく。本当に詰まったときに、隣に誰かいて一緒に考えてくれるとき、他者に対する信頼が生まれる。

もうひとつは、楽しさ、おもしろさ。かかわって楽しかったという実感を持つと、もっとかかわろうとする。一人でできないことを誰かとすることで、新しい発見や、共感が生まれたりする。

保護者会やPTAは、たまたま同じ地域に住んでいるというだけで、指向性が同じでない人が集まっているだけに、わずらわしさが先行しがちだ。しかし、それだからこそ、一緒にやれたという実感がもてたときの喜びは大きい。それは、未来に向かって、また誰かと何かをしていけるかもしれない、誰かが助けてくれるかもしれない、そして「いろいろあっても、これからもなんとかなるだろう」と思える未来への期待、すなわち希望につながるものだ。

こうした「他者（社会）への漠然とした信頼」こそが、心の余裕＝〈あそび〉と本書で呼んできたものの正体ともいえるだろう。

6 「公共は発生する」

ここまで、子育て、子育ちの問題を現場で起こっているサービス化＝お客様化の問題を紹介しつつ、孤立から生まれる苦情、苦情から生まれる禁止、それに対しての、対話による場づくりの可能性、その場づくりを支えるコミュニティワークについて、述べてきた。

本書の論考を閉じるにあたって、最後にもう一度、公共とは何か、公共空間とはどのように生まれるのか、について考えたい。

「公共は発生する」

このことばは、日本のNPO・市民活動のオピニオンリーダーとして長く活躍し、2011年の夏に亡くなった加藤哲夫さん（当時NPO法人せんだい・みやぎNPOセンター代表理事）から教えていただいたことばだ。『私のだいじな場所』**【245ページ参照】**をつくっていて、加藤さんに埼玉まで来ていただいてお話をお聞きしたときのことだ。

「私としては、『公共をつくる』という言い方にちょっとひっかかるところがあります。『公共性が発生する』という言い方がいいかと思っています。つまり、『公共』という実体をつくるのではなく、『公共性』という関係概念が発生すると考えるのです。だから私は、NPOは公益団体だなどという考え方に疑問を感じてしまうのです」

その当時、加藤さんたちは、全国にさきがけて、公設の市民活動サポートセンターをNPOとして受託し運営していた。そこでは、日々、いろいろなことが起こる。オープンスペースの交流サロン（ロビー）で、大人数でわいのわいのと会議をしているグループがときどきあり、それがあまりにうるさく、隣にいた人が、「なんとかしてくれ」と施設の職員に言ってくることがある。加藤さんたちは、そういう人に「まず、あなたが直接、声をかけてほしい」と伝える努力をしたそうだ。

加藤さんは規則やルールについて、当時こんなふうに私に話してくれた。

「まず自分たち自身が声をかけあって、合意していくべきではないか。すぐに『権力』になんとかしてくれと言ってくるその体質を私たちは問わなくてはいけないのではないか」

「市民からルールをはずれる要望やルール違反があったときに、なるべく丁寧に、そのルールの意味（由来）を説明するということ、場合によっては多少口論になっても、きちんとその意味を伝えるということを心がけています」

規則はあるが規則に頼らない。その規則を見直す場がひらかれている（みんなで決める）。「規則に頼らない」というのは、ルールがないということではない。

「ルールのない場はない、皆で議論して合意したら、それがルールになっていく、つまり判例の積み重ねがコモン・ローという成文憲法のない英国を支えているが、そういうことがその場で起きているだけだ。それをルールがないと威張ってしまうと、真実がつたわらない」

「公共性が発生する場にするためには、決して『規則ですから』と言わないことですよ」

ここまで繰り返し書いてきたように、互いに顔が見えなくなると、人は権力に頼る。規則をたてに、互いに違反していないか監視しようとする。苦情（というものの言い方）はそこから生まれる。苦情は、「意見＋恨み」だ。「どうせ自分の意見なんてとりあげられはしないだろう。ならば、言いたいことを言わせてもらいますよ」と。苦情の裏には孤立がはりついている。この20年のサービス産業化＝お客様化は、人々の孤立を無意識にすすめてきた。本書の冒頭で紹介した教頭先生の「何かあったら困るので」というこどばは、ともにつくるという信頼関係を持つことを、もはや保護者や住民には期待できない、というあきらめのことばだ。

折しも、次期学習指導要領の改訂で、２０２２年度から、「公共」科目を新設し、高校で必修とする議論がすすんでいる。中央教育審議会の資料によると、「公共的な空間を作る主体を育む」科目として議論されている。

「公共（仮称）」：現代社会の諸課題の解決に向けて、自立するとともに他者と協働して、公共的な空間を作る主体として選択・判断の基準を身に付け、考察する
＊公民科については、自立した主体として他者と協働して社会に参画し、公共的な空間を作る主体を育むことを目指す科目の内容を端的かつ適切に示すことが可能なものとして「公共（仮称）」とする

（平成28年6月13日　中央教育審議会　教育課程部会社会・地理歴史・公民ワーキンググループ参考資料109）

では、「公共的な空間を作る主体を育む」にはどうしたらいいだろうか。

それは、仮想のテーマでまねごとのディベートをするというようなことではなく、最も身近な公共空間である学校や学級の「ありよう」について、日常的に生徒と教員、地域の人々がきちんと意見を出しあい、納得や合意を得ながらつくる／つくりかえていくことが、もっとも有効な主体を育む活動だろうと私は考える。へたな道徳の授業のように、「公共とは」というお説教を聞かせ、その暗記具合を点数化するようなやり方では決して主体にはならない（それでは、むしろ公共と名のつくもの、語られるものを、実感のわかない、自分とは関係のないものとして忌避するようになるだろう）。

長い間の学校教育体験あるいは社会体験で、私たちは、「場には、最初から正解がある」ことに慣れ、そして「とにかく黙っている」ことのほうが得、というふるまいを身につけてしまった。その結果が、今日の低投票率であり、公共の場での消費者然としたふるまいではないだろうか。

誰にとっても気持ちのよい「私たちの教室（学校）」を子どもとともにつくること以外に、学校で「公共の感覚」を身につけることなどできないだろう。「答え」は最初からあるのではなく、「応え」あうそのプロセスの中で生み出されていくものである。その「感覚」を育てたい。それは、体験の中で、身に付けていくしかない。まわりにできることは、その環境を整えることなのだ。

「答え」あわせではなく、「応え」あっていくことが、なにかをしてみようという気持ちを生む。

小さなこと、例えば「こんどの夏祭りで何をしようか」というおしゃべりからはじめたい。

その決定のプロセスが納得いくものであれば、人は自然に動きだすだろう。そして、どんな結果になってもそれを引き受けていくだろう。苦情は提案に変わるだろう。

そして、やがてその場・施設全体のありようについて議論することができるようになるだろう（議論したくなるだろう）。さらにその先に、このまちをどうするか、社会をどうするか、を議論したくなるだろう。誰かに勝手に決められたと感じたら、きちんと異議を唱えられるようになるだろう。自らが（他者とともに）責任を負うこと、結果をひきうけることが自由につながる＝自分たちのやりたいことができるということなのだということを、身体感覚として身につけていけるだろう。

学校にかぎらず、公共の施設は、市民とともにつくることで、市民が育つ場であってほしい。それが公共の場＝ひろばの本来の意味なのではないだろうか。

必要なのは、「一緒につくる」こと。

そうすれば、結果がうまくいかなくても、そこには、信頼が生まれている。

その信頼は次の「何かしてみよう」という気持ち、すなわち「遊び」を生み出す。

「何かあったら困るので」は「何かあっても、大丈夫」に変わる。

道具

　数年前から、年末に実家の庭で、昔ながらのお餅つきをしている。かまど、羽釜《はがま》、せいろ、杵《きね》、餅箱など倉でほこりをかぶっていた道具を使っている。石臼《うす》は実家の裏の土手に埋めてあったものを40年ぶりに掘り出した。

　やってみてわかったことは、杵と臼でついた餅はやっぱりおいしいということと、古い道具は子どもを含むたくさんの人の手を必要とする、ということだ。まきを燃やしてせいろで蒸しつつ、餅をつき、丸めながら、となると家族・親せき総出の一日作業になる。

　1970年代、私の子どもの頃、餅つき機が登場し、餅つきは母がほぼ一人でできるようになった。村には農業機械と電化製品と石油が導入され、商品経済・消費生活がどんどん浸透してきた。たくさんの道具が次々に引退して、倉のなかで長い眠りに入った。

　餅つきの片付けをしながら、この道具を使って人と人がどう関係して暮らしていたかに想いをはせた。人の関係は、何かの当面の目的に向かって一緒に働くときに、自然に生まれてくる。その意味で、なんでも一人でできるようになったこの半世紀は、一方で、人と人の関係づくりの上では難しいことも増えた半世紀でもあったのではないか。とりわけ子どもの育ちに与えた影響は大きかったのではないだろうか。

　哲学者の内山節《たかし》さんは、フランスの農村で出会った子どもたちが自分の仕事（家族、村の中での役割）をきちんと持っているということに触れて、こう表現している。「彼らは関係のなかに個人をつくりだし、関係する世界に支えられながら、同時に自分がその関係の一員としてふるまうことによって、誇り高き小さな『大人』として暮らしていました」（『子どもたちの時間―山村から教育をみる』岩波書店）

飢えから脱した高度成長期、職住は分離し、大人は子どもに仕事のかわりに「子どものため」の時間を用意した。習い事や塾などの子ども向けの産業は増え続けた。日本の学校の先生の労働時間は世界で一番長い。しかし、自分に自信が持てないという子どもの割合が世界で最も高

いのは日本の子どもたちだという調査結果がある。親がもつ子育ての負担感は大きくなるばかりだ。「あなたのため」というような面と向かい合ってのやりとりは、実は心地よい関係はつくりにくいもの。すぐに「こんなにしてあげているのに、誰のためにやってあげてると思ってるの！」となってしまいがちだ。「してもらう」「させられる」ばかりでは、自信は生まれないだろう。

内山さんの指摘は、次のように続く。仕事をもたない現代の子どもたちは、世界とは切り離されたところで「個人としての成長」を求められている。常に「今という時間が自分の（将来の）ためになっているかどうか」を気にしろ、と言われている。結果、他者に対する関心は消えていく。背景には、大人たちの「関係性を切り捨てたところに個人の自立があると考える個人観」があり、このことが現代のたくさんの苦悩を生んでいるのではないか、と。

子どもたちがほんとうに必要としているのは、他者と比較してほめたりすることなのではなく、誰かの役に立つ具体的な仕事であり、誰かと一緒に働くことであり、それに付随する「ありがとう」ということばなのではないだろうか。ほうっておけば、一人でなんでもがんばることになってしまう私たちの暮らし。子どものためにというより、子どもとどんな暮らしをつくっていくのかという視点で見直したい。日常の暮らしや仕事の中に、子どもが手をだせる部分、子どもと一緒にできる時間をつくること。子どもに限らず、誰かを／お互いを必要とする、そんな機会（手間）を埋め込んでいくこと。

年が明けて、思い立って小さなピザ窯《がま》をつくってみた。再び集まった親せきみんなで、ピザを焼いた。粉を量り生地をつくるのは高校生になった上の娘、具をのせるのは姉夫婦と甥《おい》っ子夫婦、窯の火の番は小学生の娘とそのおじいちゃん（今年80歳になる父）。

焼き上がったピザは、ほんとうにおいしかった。

たまたまバイクで年賀状を配達しにきた若い郵便屋さん。冷たい風にほほが真っ赤だったので、「食べていかないか」とすすめると「いいんですか？　ありがとうございます！」とニコニコ顔。

お腹も心もあたたまるいい時間になった。

（2016年2月）

あとがき

コンビニでお酒を買おうとしたときのこと。

レジで「こちらのボタンを押してください」と若い大学生ぐらいの店員さん。

20歳以上であることの確認のボタンです。

ボタンを押しつつ「ちなみに……明らかに20歳未満でしょうっていうお客さんでも、押してと言うのですか？」と聞いてみました。

店員さんはびっくりして「え、いや、その場合は身分証明書を見せてもらいますね」

私「じゃあ、このボタンをお客さんが押す意味は……」

店員さん「あ、実は……私もよくわかってないんですよね（笑）」

これもまた「誰のせいか？」ばかりを気にする世の風潮のあらわれかと小さなため息がでました。

そんな流れにゆる〜く対応している友人がいます。

野口体操を中心にしたワークショップなどを各地でひらいている体奏家の新井英夫さん。

あるコーヒーチェーン店で新井さんとうちあわせをした時のこと。

店に入ってカウンターでコーヒーを注文。すると若い女性の店員さんが、「こちらの○○もいかがですか?」とマニュアルどおりのおすすめ口上。

すると新井さん、店員さんの名札をちらっと見て
「○○さん、僕はいらないけど、○○さんはこれ食べたことある? どうでした?」

名前で呼ばれた店員さんは、びっくり。でも、すぐにっこりして、きちんと問いに応えてくれました。新井さんはお礼をいって、席につきました。はたから見ていて、とても微笑ましい光景でした。

新井さんは、こうした会話を「本音ぽろり運動」と名付け、日々楽しんでいるそうです。

冒頭のやりとりにもどります。

最初、私が突然話しかけたので、店員さんもびっくりしていましたが、話しているうちにうちとけていきました。「私もわかってないんですよね」と微笑む彼とのやりとりは、私にとっても「人と話している」感じがしてほっとしました。

とはいえ、この程度の会話が「ぶしつけ」なものに感じてしまうのが、今日のシステム社会。

どうしたら、この窮屈な社会の空気を変えていけるだろうか、と考える時、まずできることは、そのシステムそのものについて語ることなのかもしれない、コンビニをあとにして夜道を

歩きながらそう思いました。

相手の正体がよくわからない時、人は強い恐怖を感じます。カーテンが揺れているだけなのに、暗がりではお化けのように感じてしまいます。そこから萎縮または思考停止がはじまります。

そこで、なんとか正体不明の「萎縮お化け」を、明かりの下へ引き出して、みんなで話せるようにしたい。そう願って、この本をつくりました。懐中電灯で照らすぐらいにはなっていますでしょうか。


残念ながら、「お客様社会」化は、今後さらにすすむでしょう。

『モモ』に登場する灰色の男たちは、さらに喜々として、人々から時間を集めていくでしょう。

「子どもの時間」は、さらにおとなの「ビジネス」の対象になっていくでしょう。

遊ぶことは、学力やらコミュニケーション力やら、○○力をつけるためなどと言われ、時間で区切ってサービスメニューとして売られていくでしょう。

与えられ、させられる時間はもっと増えて、結果、子どもたちはさらに自尊感情を育むことが難しくなるでしょう。劣等感と優越感の間で終わりのない自分探しをつづけることになるでしょう。

例えば、本書で繰り返し書いてきたように「誰かと一緒に子育てしていけるといいね」と言っても、その言葉が先行すると——たとえば子育て雑誌のチェックシートで「周囲の人と子育てができている?」と尋ねられたりして、「自分は誰かと一緒に子育てできていないからダメなんだ」と思う人が生まれるでしょう。

「育つ」ものだった子どもが、「育てる」ものに変わり、結果、評価の目線の中で、みな緊張しながら生きている。そんな難しい時代です。

そんな時代に、「一緒に考える」「一緒に暮らす」はどんな形でつくっていけるでしょうか。

実は、『モモ』にはそのヒントも書かれています。

主人公・モモの特技は、「人の話を聴くこと」です。みなモモに会うと元気になっていきます。


（モモに話をきいてもらうと）「どうしてよいかわからずに思いまよっていた人は、きゅうにじぶんの意志がはっきりしてきます。ひっこみ思案の人には、きゅうに目のまえがひらけ、勇気が出てきます。不幸な人、なやみのある人には、希望とあかるさがわいてきます。」

（同書73ページ）


顔を合わせて、焚き火を囲みながら、一緒に食べる。共に働く。意見が割れたら、時間をかけて対話を重ねる。そしてどうしようかねえ、と一緒に考える。

そうすれば私たちはもう少し元気になれるのではないでしょうか。

最後にもう一度書きますが、これは新しい暮らし方の模索なのです。近代化以前の閉じた共同体の中でのそれでもなく、規則とマニュアルでシステムにしばられた今の暮らしでもない、新しい人の交わり方・かかわり方の模索なのだと思います。

それゆえに、ひとつのスキルやノウハウで、劇的に解決するというようなことにはなりません。時間をかけて、ゆっくりと、みんなで試し、ふりかえり、また試していくしかありません。

興望館の野原さん【191ページ参照】が言うように30年かかるかもしれません。

でも見方をかえれば、「30年物の遊び」とも言えます。

「今この時代だからできる遊び」があるのだと思います。

「遊びのボタン」はどこにでも転がっています。

その気になれば、見えてきます。

コンビニで、ファストフード店で、図書館でひと声かけあっていくこと、そこからはじまる関係が希望なのだと思います。

本書はたくさんの方々との出会いの中から生まれました。

まずは、保育所・学童の保護者会やおやじの会などで出会った、地元の遊び友達、ヤキイモタイムやプレーパーク、路上遊びで知り合った遊び仲間の方々に感謝します。みなさんと一緒に焚き火を囲み、遊ぶことから生まれた本です。

NPO法人ハンズオン埼玉の会員、役員のみなさんに感謝します。「お客様にしない」場づくりこそ、この社会に必要であることを教えていただきました。また、副代表の吉田知津子さんには、本書の見出しを素敵な手書き文字にしていただきました。

白梅学園大学学長の汐見稔幸さんと、編集者の木村明子さんに感謝します。書き散らしていた原稿を一冊にまとめる価値があると私に勧めてくださいました。それがこの本のスタートでした。

武蔵大学の武田信子さんには、「みんなで火を囲む」ことの意味を言語化するにあたって、「コミュニティワーク」という考え方（本書第4章）をはじめ、多様な視点・言葉を教えていただきました。ありがとうございました。

第3章やコラムをはじめ、この本の原稿の多くは、『くらしと教育をつなぐWe』という雑誌の連載をもとにしています。『We』編集部（フェミックス）のみなさんには10年以上にわたり、私の稚拙な作文をなんとか読めるものにする作業につきあっていただきました。深く感謝します。

また、本書でご紹介させていただいた団体、施設のみなさんには本書で記したとおり、多くの示唆をいただきました。

そして、『ころから』パブリッシャーの木瀬貴吉さんとデザイナーの安藤順さんに感謝します。研究書でも、エッセイ集でも、体験談でもない、書き散らした作文の寄せ集めだった最初の原稿（作業の開始当初、「西川の遺稿集」と呼んでいました）を、おふたりと何度も何度もやりとりを重ねることで、こうしてなんとかみなさんに読んでいただける形にすることができました。本書をつくる過程は、まさにこれこそが遊びと呼びたい、しんどいけれど、集中した、楽しい時間でした。

最後になりましたが、ここまでお読みいただいた読者の皆様に心から感謝します。

この本が、異なる立場の人が、人として出会い、対話が生まれるための種になっていれば幸いです。

ぜひ皆さんの声をお聞かせください。

一緒に、お芋を食べながらお話ししましょう。

２０１７年早春　西川正

初出一覧

＊以外『くらしと教育をつなぐWe』掲載

	page	
図書館で育つもの	79	188号（2014年2月）
雨宿り	129	180号（2012年10月）
セミ取りの風景	136	191号（2014年8月）
七の日、道端で	139	194号（2015年2月）
「気まずくなれる」場所	143	192号（2014年10月）
「めんどくさい」文庫	146	193号（2014年12月）
かっちぇて	150	201号（2016年4月）
ひとのま	153	178号（2012年6月）
群読	157	196号（2015年6月）
一語一会	161	197号（2015年8月）
なかよし	165	203号（2016年7月）
縁側	169	134号（2005年7月）
「楽ができない」図書館	176	205号（2017年2月）
峠の茶屋	180	204号（2016年12月）
みんなで走る運動会 ＊	183	『私のだいじな場所』 ハンズオン埼玉発行（2005年）
愛される理由	191	137号（2005年11月） 204号（2016年10月）
夜に学んだこと	197	136号（2005年10月）
散歩	202	185号（2013年8月）
道具	278	200号（2016年2月）

索　引

★印は書名

欧字

かな

し

西川正　にしかわ・ただし

コミュニティワーカー／特定非営利活動法人ハンズオン埼玉理事。

1967年滋賀県生まれ。学童指導員、出版社、障害者団体のスタッフ、NPO支援センター事務局長などを経て、2005年、特定非営利活動法人ハンズオン埼玉を設立。

「おとうさんのヤキイモタイム」キャンペーンをはじめ、東北福島から埼玉への避難者に向けた月刊誌『福玉便り』の編集など、行政・企業を巻き込んだ市民参加型のまちづくりのプロデュースに関わる一方で、まちづくりや子育て支援にかかわる研修などで講師やファシリテーターとして活動。2014年、さいたま市と協働で『さいたま市で父になる。(さいたま市父子手帖)』を発行、当事者目線の冊子としてテレビ、新聞で多数報道され話題となる。編著者として関わった『私のだいじな場所　公共施設の市民運営を考える』(ハンズオン埼玉発行)は口コミだけで3500部を完売。

2011年～2014年、恵泉女学園大学特任准教授。現在、大妻女子大学、埼玉大学等で非常勤講師。聖学院大学地域連携教育センターアドバイザー、特定非営利活動法人あげお学童クラブの会理事、特定非営利活動法人日本ボランティアコーディネーター協会理事等。

趣味は、「カブリモノ」の作製と道端に七輪やこたつを置いて遊ぶこと。本書は初の単著。

あそびの生まれる場所

「お客様」時代の公共マネジメント

２０１７年３月30日　初版発行
２０２３年３月10日　３刷発行
価格１８００円＋税

著　　者　西川正
小見出し文字　吉田知津子
パブリッシャー　木瀬貴吉
装　　丁　安藤順

発行
ころから

〒115-0045
東京都北区赤羽1-19-7-603
TEL 03-5939-7950
FAX 03-5939-7951
MAIL office@korocolor.com
HP http://korocolor.com

ISBN 978-4-907239-23-7
C0036

COSH

離島の本屋
22の島で「本屋」の灯りをともす人たち
朴順梨
1600円＋税／978-4-907239-03-9

九月、東京の路上で
1923年関東大震災ジェノサイドの残響
加藤直樹
1800円＋税／978-4-907239-05-3

TRICK トリック
「朝鮮人虐殺」をなかったことにしたい人たち
加藤直樹
1600円＋税／978-4-907239-39-8

増補新版 風よ鳳仙花の歌をはこべ
関東大震災・朝鮮人虐殺・追悼のメモランダム
ほうせんか
2000円＋税／978-4-907239-53-4

はたらく動物と
金井真紀・文と絵
1380円＋税／978-4-907239-24-4

ころから

13坪の本屋の奇跡
「闘い、そしてつながる」隆祥館書店の70年
木村元彦
1700円+税／978-4-907239-43-5

ヤジと民主主義
北海道放送報道部道警ヤジ排除問題取材班
1800円+税／978-4-907239-65-7

韓国が嫌いで
チャン・ガンミョン著、吉良佳奈江訳
1800円+税／978-4-907239-46-6

大邱の夜、ソウルの夜
ソン・アラム作、吉良佳奈江訳、町山広美解説
1800円+税／978-4-907239-59-6

絵本　花ばぁば
クォン・ユンドク作、桑畑優香訳
1800円+税／978-4-907239-29-9

13桁数字はISBN番号です。

ころから